小学館文庫

銀座で一番小さな書店

森岡督行

小学館

銀座で一番小さな書店

目次

デザイン｜草苅睦子（アルビレオ）
カバーイラスト｜山口洋佑
扉・本文イラスト｜森岡督行

「一冊の本を売る書店」というヴィジョン

本の街、神田神保町《かんだじんぼうちょう》（東京都千代田区）の古書店から独立して、茅場町《かやばちょう》（東京都中央区）の古いビルのなかで森岡《もりおか》書店をはじめて九年目をむかえようとしていた二〇一四年の春の夜、永代《えいたい》通りを大手町の方に向かって歩いていた私は、次の十年は新しいことに取り組みたいと考えていました。

独立したばかりのころは、もちろん、仕入れた本を売って売上を立てようとしていました。書店として、何とかやっていけると思ったから独立したのですが、実際にはそうはならず、開店から程なくして資金が尽きました。ここだけの話ですが、住民税を滞納して銀行の口座が凍結されてしまったこともあったのです（あのときは本当にすみません）。どうにかこうにか存続できたのは、店内に展示スペースを併設し、本の出版記念イベントを行ったことによります。決して交通の便の良い場所でなくても、お客様が来てくださいました。

また雑誌やオンラインのメディアで書店特集が組まれ、知っていただいたことも、存続できた要因としてあげることができます。書店が徐々に姿を消していく時代にあって応援の意味もあったでしょうし、ネットが生活のすみずみに入り込んだ時代にあって、アナログな場所がより見直され、ネットではアクセスできない体験が得られることなどが背景にあったと思います。出版記念の案内が届いたら、それが何かの媒体で見たことがある書店だった。このように言ってくださるお客様は少なくありませんでした。

書店はアナログな場所ですが、SNSとの相性がすごくいいことも徐々にわかってきました。お客様自身のSNSで書店や展覧会を紹介してくださる。一人ひとりがメディアで顔を持つ時代になっていました。森岡書店の口座の残高が増えることはありませんでしたが、なんとか続けられていました。

新しいことに取り組みたい、といっても本を中心にした書店を続けていくことに変わりありません。実はそのとき、すでに私の気持ちのなかには「一冊の本を売る書店」というヴィジョンが芽生えていました。ちょっと風変わりなテーマですが、正確に言うなら、一冊の本から派生する展覧会を行いながら、その本を売っていくような書店。店内で売られている本といえば、その一冊のみという。

この考えを着想したのは二〇〇七年ごろでした。出版記念イベントを開催すると、その一冊をめがけてお客様が来てくださる。それなら、その一冊だけあって、その他の本はなくてもいいのではないだろうか。そうすることによって、読者も著者も編集者も、さらに、本を作るデザイナーやカメラマン、校正者、印刷製本所の方々といった本のまわりにいる人々が喜んでくれる、それがベースにありました。

とくにインコの写真集である村東剛《むらひがしごう》さんの『インコのおとちゃん』（小学館）を取り扱ったときは、そう強く思ったものでした。私はインコにあまり興味がなかったので、本当にこの写真集を出版してイベントを企画したらお客様が来てくれるのだろうか、と不安でしたが、蓋を開けてみたらインコを愛する人々が駆け付けてくれました。SNSですでにインコのコミュニティーが形成されていて、幸福な会話がなされていました。ていたのです。店内では、一冊の本を介して、現場での接点が求められていました。自分の知らない世界に、自分を超えた驚きを感じたように思います。

「一冊の本を売る書店」というヴィジョンには、もう一つ、場所へのこだわりがありました。東日本大震災後、東京・丸の内に商業施設のKITTE《キッテ》がオープンした際、正面玄関に大きな桜の写真が掲げられました。その桜は、福島県三春町《みはるまち》の「滝桜」でした。私は、それを見たとき、福島だけでなく、日本中の人々の心が復興に真剣に取り組むというメッセージ、或《あ》るいは、それでも桜は咲き続けるという生命力の強さを感じ、胸を打たれました。また、東京駅、丸の内という日本中の人々が行き交う場所に、このような写真を掲げることに意義を感じました。そこでは涙を浮かべている方もいました。

アトム書房は、原爆投下後の広島で、原爆ドーム前に突如現れた古本屋です。アーティストの山下陽光《やましたひかる》さんの研究と発表によって知られるようになっていました。焦土と化した広島で、「原子《アトム》」を店名に掲げ、古本をはじめ、原爆で溶けた瓶などを進駐軍相手に売りはじめた。「復興」という考えすら持つことが難しかったであろう混乱のさなか、アトム書房は突然現れたのでした。

私は、日本の対外宣伝誌を、デザインと写真の素晴らしさという観点から集めていました。そのなかには、『LIVING HIROSHIMA』という昭和二十五年（一九五〇）頃の広島の「観光案内」があり、写真家の木村伊兵衛《きむらいへい》により撮影されたアトム書房が写り込んでいました。小さな書店でしたが、写真からだけでも、七十五年間草木も生えないと言われた状況から立ち上がった、底知れない力が伝わってきました。アトム書房をいまに復活させることは、広島と長崎をはじめ、人々が復興に着手し、それを果たしたという歴史を示すことができると考えました。アトム書房をいま復活せずして、いつ復活させるのだろうか。このことが頭の片隅にありました。そのため、「アトム書房」を復活、そしてその営業内容を「一冊の本を売る書店」とする。場所は東京駅前が良い。このようにイメージを膨らませました。

　永代通りを歩いていると、東京駅の北側、呉服橋の交差点の角、三井住友銀行呉服橋ビル前には、そこに数年前まで建っていた旧日本相互銀行本店ビルの鉄鋼柱梁《ちゅうりょう》接合部が、モニュメントとして、彫刻作品のように展示されていました。旧日本相互銀行本店ビルは前川國男《まえかわくにお》の設計でしたが、周囲の開発と同じように何の前触れもなく、いつの間にか、解体されていました。モニュメントの前を通り過ぎ、新幹線の線路の下を通り抜け、大手町の大手門の前へ。私はその道すがら、次のように考えました。いまは良いかもしれないが、あと五年、十年したら、自分はどうしているのだろう。人間の寿命を考えても、あとどれくらい仕事ができるのだろう。調べたかぎり「一冊

アトム書房
Bookseller Atom
Book

と。

の本を売る書店」というアイデアは他にない。やってみようか、いや、やってみよう、

次の日から私は、森岡書店に入ってきてくださったお客様に、こんなことを考えています、と新しい書店のヴィジョンを話すようになっていました。ライターのHさんは「良いアイデアは出た。あとはカネだ」と言ってくださり、一定の理解を示してくれました。ライターのHさんとは、そんなに会う機会はなく、おそらく四年に一回ぐらいですが、いまにして思えば、実は節目節目で、雑談をかわす人でした。しかし、慎重に考えた方が良いという意見が大半で、「一冊の本をどうやって出版社から確保するのか」「家賃や人件費を考えると一週間に五百冊くらい販売しなくてはならない」「その考え方はおもしろいけれど、実際に行ったら、体力が持たない」などなど。どれもまっとうな意見でした。

そんななか二〇一四年の五月、私は、『Wabi-Sabi わびさびを読み解く』(レナード・コーレン/ビー・エヌ・エヌ新社)に以下のような巻末エッセイを書きました。そしてこの巻末エッセイを書いたことがその後の自分の運命をおおきく動かしました。振り返ると、それがいまの森岡書店の起点になったと思えるので、一部を引用します。

神保町の古本屋の仕事のひとつに、「落丁調べ」があります。「落丁調べ」とは、仕入れた本に、破損がないか、ページをめくって確認していく作業です。明治の昔から今に続く仕事であり、若手が本の知識を得る場でもあります。私が神保町の古本屋に勤めていたころも、当然、「落丁調べ」が仕事の中心でした。

ある日、画集『長谷川等伯』のページをめくっていた私は、国宝「松林図屏風」に目が止まりました。目が止まったといっても、決して良い意味ではありません。「松林図屏風」がなぜ国宝なのか、紙面からだけではまったく理解できなかったのです。何度見ても平凡な水墨画。希少性が評価されたのだろうか、そんなことしか考えられませんでした。

数ヶ月が過ぎたある日、東京国立博物館に出かけた私は、偶然、長谷川等伯の「松林図屏風」に出会いました。それは薄暗い部屋に鎮座していました。私は、「落丁調べ」で感じた印象を思い出しました。しかし、対峙する時間が経つにつれ、その印象はくつがえされました。闇にあらわれた数本の松は、この世のものとは思えない気配を漂わせたのです。松の間から先祖の霊が今にも現れるかのような。彼岸の世界が目の前に広がっているような。私は、動くことができませんでした。

薄暗い部屋は、「安土桃山時代の家屋の光を再現」したものでした。つまり、光量が変わると、「松林図屛風」は姿を変えるのです。「松林図屛風」が国宝たる所以がわかった瞬間でした。

実は、この本の巻末エッセイを担当した人がもう一人いて、それがTakram《タクラム》でコンテクスト・デザイナーとして活躍している渡邉康太郎《わたなべこうたろう》さんでした。渡邉さんは「振り子がゆれる」というタイトルの巻末エッセイを書いていました。ここに引用しませんが、ぜひ同書で読んでみてください。そのテキストを読んだ私は、編集の吉田《よしだ》知哉《ともや》さんに、ぜひ渡邉さんに会いたいと伝えていました。後になってわかったことですが、渡邉さんも私のテキストを読んでいて、会いたいと思ってくださっていました。

こうして、二〇一四年の夏の夜、青山のとあるレストランで渡邉さんと会いました。後日、渡邉さんから次のようなメールが届きました。今度、スマイルズの遠山正道《とおやままさみち》さんとイベントを行います。「何か新しいことを一緒にやりませんか」という企画なのだけれども、森岡さんも参加しませんか、と。遠山さんの著書の『やりたいことをやるというビジネスモデル』（弘文堂）は偶然にも知人が編集した本だったので手元にあり、また、私は遠山さんが創業した「スープストックトーキョー」が好きで、ときどき食事をしていました。また、アルゼンチンから来日した写真家と搬入をしているとき、あたたかいものが食べたいというリクエストがあり、「スープストックトーキョー」のスープをテイクアウトにしたら、すごく喜んでくれたことを思い出しました。遠山さんに、「一冊の本を売る書店」の考えを聞いてほしいと思いました。

果たして九月、私は、表参道のＴａｋｒａｍで開催されたイベントに足を運びました。新しい企画を提案するというイベントにはたくさんの方々が参加していました。まずは四人一組のグループでお互いの企画を相談し、そのなかで良さそうなものを選びます。そしてそれを全員のまえで発表するという流れ。「一冊の本を売る書店」は四人のグループ内で好評でした。そしてそれを全体の場で話してみると、遠山さんは、「おもしろい。その企画用紙に今日の日付を入れておいて」と。渡邉康太郎さんにお礼を言って会場をあとにしました。

そんな折、ある方と一緒に、茅場町の焼き鳥屋で焼き鳥を食べているときのことでした。私は、そこでも、いま考えていることを、口を開けて話していると、その方は言いました。「馬喰町《ばくろちょう》にあるビル一棟が、近々、賃貸物件になる」。さらに詳しくきけばそこは私も過去に訪れたことのある四階建てのビルで、しかも、家賃が相場より安価になっていると言うのです。聞くやいなや鳥肌が立ちました。いや、実際には立っていなかったかもしれませんが、そう言っても過言ではありませんでした。そのビルの優位性は一歩足を踏み入れたときに感じていたことでした。一階を書店にして、二階を喫茶店にして、三階をギャラリー兼事務所にして、四階を撮影スタジオにする、というイメージがすぐに思い浮かびました。きっと、このかたちなら喜んでくれる人は多いと。

ほどなくして遠山さんと馬喰町の現場に行きました。はやる気持ちからタクシーに乗っていきました。ビルの内見をして、外観を確認して、あ、ここならやっていけそう、という確信を持ちました。正式に賃貸物件になったとき借りられるように、しっかりした収支計画書を準備しておこうと。このビルは空間全体に光の入る立地にあり、天井高もあり、近隣には駐車場も多く、撮影スタジオにぴったりの物件であることが支えになりました。こうなったからには実現したいという思いがますます高まってきました。

　ちなみに、私は、ほとんど趣味で、東京の物件情報を検索しています。具体的に借りる目的はなくとも、この物件ならこんな使い方ができるな、というように、その賃貸情報から何事かをイメージするのが好きなのです。そのようなことを繰り返していると、もしかしたら、例えば、カフェをやりたいから物件を探す、ギャラリーをやりたいから物件を探す、という流れよりも、この街のこの物件ならこういうことができる、という考え方の方が、実はしっくりくるのではないかと思うようになっていました。要は物件ありき。特に近代建築がどこに立地していて、賃貸になっているかは、だいぶおさえていました。近代建築の定義は正式には定かではありませんが、明治期から一九三〇年代までに建った建物というふうに考えています。商業空間について考えたとき、潤沢な資金があれば、その事業にふさわしい空間を作ることができるでしょう。しかし、そうでない場合は、すでにほとんど完成されている空間を探すことが大切です。作るのではなく探す。近代建築はまさにそのような空間が広がっている場合が多く、イメージが自《おの》ずと広がります。馬喰町のビルは近代建築ではありませんでしたが、イメージがすぐに広がるという点では、共通していました。「一冊の本を売る書店」があって喫茶店とギャラリーがあって、撮影スタジオもある。この計画の収支を一つ一つ算出して、どれくらいの売上が必要か等々を考える日々がしばらく続きました。またそのことが楽しくもありました。この段階で、一週間に一冊の書籍を取り扱うことも視野に入れました。一週間というのは、桜の花見を想定した日数でした。花が咲いて散ってが、何となく、七日間くらいかなと。お花見に行くような感覚で本の展覧会に来てほしいなと。実際に取り扱いたい本も考えはじめていました。

実現に向けての打ち合わせもはじまりました。スマイルズの中目黒の事務所で、はじめて会議をしたときは、収支計画が検証されました。しかし、どうしても具体的な数字が出せません。次はもうないと思っていたところ、最後に遠山さんが「次はいつやる」と。どうしたらこの企画が具体化できるのか、自分なりに考えを巡らしました。

アトム書房については、もう一度、考え直してみようという意見が、Tさんから出ました。Tさんは、森岡書店がはじまったころから、どこからともなく現れては、展示の搬入と搬出を手伝ってくださったり、ときには、ガムテープや保存食を差し入れてくださったり。私に所用が生じたときは無償で店番に入ってくださったり。とにかく、多方面からサポートをしてもらっていました。アトム書房には、確かに、広島の復興のさきがけになった意味がありますが、原子爆弾の惨禍は言葉になりません。ややもすると、アトム書房と冠することが、商業の宣伝にも繋《つな》がってしまう。そうすることによって、より売上は立つだろう。しかしこのようなことは、どこか、違っているのではないか、そう考えるようになりました。そのかわり、年に何回かは、戦争を題材にした本を販売することで、戦争の愚かさを共有する。平和を題材にした本を販売することで平和の尊さを実感する。このようなあり方に変更しました。

しかし、そんなある日、馬喰町のビルを教えてくれた、あの方から電話がありました。その方はこう言いました。「このあいだの馬喰町のビル、賃貸物件として出ることはなくなりました。いますぐにあのビルを借りる人が現れたようで」。思わず、えっ、となりました。家賃といい、間取りといい、馬喰町のビルがあってこその計画。そのとき私は、進行の甘さを痛感しました。このような物件は、間をおかず、こちらから直談判《じかだんぱん》をしに行く必要があったのです。大家さんがどこにいるかわからなければ、総力をあげて、探して、訪問して。その方は、「もう決まった」と続けました。この半年間、けっこうな時間を「一冊の本を売る書店」に使ってきました。その方は冷静に言いました。「森岡さん、一冊の本を売る書店をやります、といっても、たぶん多くの人は、何のことかわかりませんよ。大家の立場になって考えれば、この人に貸すのはやばいと思うんじゃないかな。もっとかたい商売をする人に使ってほしいと思うんじゃないかな……」。

その話を聞いた私は、そうだよね、となりました。たしかに根拠のない自信から歯止めが利かなくなり、ヒートアップしていたところがあった……。『荒野の古本屋』（小学館文庫）の冒頭で、萩原朔太郎《はぎわらさくたろう》の文章を引用して、新宿駅で中央線と山手線が合流するとき、向こう側の電車の車両にドアを開けて移れてしまうことが、人生に重なって見えると書きましたが、まさにそんな場面でした。こうして、この電話一本であえなく、計画は白紙に戻ったのでした。

石炭置き場に導かれて

馬喰町での「一冊の本を売る書店」計画が白紙に戻って一週間が経《た》ったころ、私は、銀座一丁目にある鈴木ビルにいました。鈴木ビルは昭和四年（一九二九）築の近代建築で東京都歴史的建造物に選定されています。かつて私は、このビルで、コレクションした日本の対外宣伝誌の展覧会を、一日限りで行ったことがありました。昭和十四年からこのビルに入居した「国際報道工藝」が、代表的な対外宣伝誌の「NIPPON」を制作出版していたことによります。「国際報道工藝」は「日本工房《にっぽんこうぼう》」の後身にあたる組織なのですが、そもそも「日本工房」は、当時の日本の文化を海外に発信するため、報道写真家の名取洋之助《なとりようのすけ》によって立ち上げられました。デザイナーとして亀倉雄策《かめくらゆうさく》、写真家として土門拳《どもんけん》、おそらくイラストを描いたりデザインしたりした熊田千佳慕《くまだちかぼ》、戦後にその業界を牽引《けんいん》していくメンバーが参加していました。展覧会の際にオーナーの鈴木さんから、もし「日本工房」や鈴木ビルにまつわる資料があればほしいと言われていたのでした。

その日、私は、鈴木さんに『名取洋之助と日本工房［1931－45］』（岩波書店）と、朝日新聞社のカメラマンが撮影した「三吉橋《みよし》」の落成式の写真のコピーを手渡しました。「三吉橋」とは鈴木ビル近くにかかる三叉《みつまた》になっている橋で、昭和初期に完成しました。落成式の写真には、祝う人々の背後に鈴木ビルがくっきり写り込んでいて、それを見ながら、鈴木さんと近況や時事など雑談を交わしていると、鈴木さんは次のように言いました。「一階の喫茶店がこんど空くことになったんだよ。四十年くらい喫茶店として使ってもらっていたのだけれどね」。鈴木さんは続けました。「次に借りたいという人が決まっていたけれど、事情で取りやめになってしまい再募集している。狭いよ五坪」。私は、次の瞬間、遠くを見るような目になっていたのではないでしょうか。それほど、鈴木ビルでの「一冊の本を売る書店」のイメージが、ぼんやりながら急速に自分のなかで広がっていったのです。「部屋を見たい」と鈴木さんに申し出ました。

鈴木さんがカギを開けて、ガタガタという音とともにシャッターを上げると、やはり、小さな空間がそこにありました。実は私は、この場所にあった喫茶店「らんぷ」

NIPPON
EDUCATION IN JAPAN
ERZIEHUNGSWESEN IN JAPAN
L'INSTRUCTION AU JAPON
12

を訪れて何度かコーヒーを飲んでいました。某出版社で小林秀雄の特集が組めないかを相談したり、「日本工房」の資料を読んだり。そのときに座ったイスやカウンターはすべてなくなっていて、すでにスケルトンの空間になっていました。なかに入ってみると、つきあたりの部分に、深さ一メートルほどの大きな四角い穴があいていました。

「これは何ですか」とたずねると、「ここはむかし石炭を置いていた。石炭置き場」と鈴木さんは言いました。石炭置き場、石炭置き場、石炭置き場……。確かに鈴木さんはそう言ったのです。二十代のはじめに住んだ中野ハウスの石炭置き場。就職した一誠堂《いっせいどう》書店の地下の石炭置き場。茅場町のビルの石炭置き場とおぼしき収納庫。私はこのときこう思いました。「ついにまた石炭置き場が眼前に姿を現した」と。それも今この局面で。それらが地下で繋がっているような、いないような。目の前にある穴から、私自身が這《は》い上がってくるような、こないような。私はこの石炭置き場から広がるイメージにブレーキをかけることができなくなっていました。そしてそれは「ここだ」という確信に変わりました。鈴木さんの顔を見た私は、口を開けて言いました。「ここ借りたいです」と。すると鈴木さんは「明日、管理会社に問い合わせてください」と言いました。五坪という広さなら、むしろ、「一冊の本を売る書店」にぴったりです。

　翌日、教えられた番号通りに、管理会社に電話してみると、すでに二件の申込がありました。一件は、ワインバー。近所のワイン輸入業者が倉庫をかねて運営するという案でした。もう一件は古美術商。どちらもあのビルにふさわしい業態だと私自身も思いました。ほどなくして、遠山正道さんはじめスマイルズのメンバーと鈴木ビルの現場を確認しました。その後、八丁堀《はっちょうぼり》の喫茶店にて経営が成り立つのかの相談を行いました。収支計画書をあらためて睨《にら》みながら。鈴木ビルにも再度訪れ、鈴木さんに新しい書店の企画を説明しました。鈴木さんは「考えて結論を出します」と言いました。

　一方、このころ、一冊の本の出版を進めていました。『東京旧市街地を歩く』（エクスナレッジ）という本で、もともと東京のガイド本をつくろうというところからはじまりました。世界の都市、例えば、バルセロナやプラハなどには、旧市街と呼ばれるエリアがあり、旧市街と聞いただけで、良い市場や古道具屋、古本屋、昔ながらのレストラン、そういったお店が点在するようなイメージがあったりします。もし東京に旧市街地があるとすればどこにあたるのか。それを可視化する本をつくりたいと思っていました。かつて東京には東京市という行政単位があり、そこには京橋区、日本橋区、神田区、という区がありました。今日の中央区と千代田区の一部ですが、良い市場や古道具屋、古本屋、昔ながらのレストランがここにあるのは確かなこと。実際にも市街地でした。そこで京橋区、日本橋区、神田区を東京旧市街地と勝手に定めて、現存する鉄とコンクリートの建造物を写真集のようなかたちで紹介することをめざしました。写真は高橋マナミさんに依頼しました。高橋さんの『TRILL』を手に取ったとき、写真がすごく良いという印象が頭にありました。銀座は京橋区に入っていたので、この本のために鈴木ビルも撮影することになりました。この時期、私は、急速に鈴木ビルの引力に引き寄せられていました。鈴木ビルの石炭置き場の穴に吸い込まれていくような。今にして思えば、寝ている時間以外はそのことで頭が稼働しているような状態になっていました。

鈴木さんから電話を待つこと数日。その間、私の足は自動的に何度か鈴木ビルに向かいました。このビルに集った人々が戦後の出版の礎を築いた。その場所で「一冊の本を売る書店」を実現する。そう思って鈴木ビルの前に立って眺めていると、あたかも、鈴木ビルが「ここでがんばりなさい」と言っているような気がしました。おそらくそれは幻だったと思うのですが、そう聞こえてもおかしくないほど、自分のボルテージがあがっていました。数日が経ち、鈴木さんから着信がありました。「森岡さん、ぜひここで書店をやってください」。鈴木さんははっきり言いました。今度は幻ではなく本当に。現実に。そうなのです、このときから、「一冊の本を売る書店」のオープンに向けての仕事が進行することになりました。

その後、スマイルズのサポートを受けて森岡書店を株式会社化することにしました。自分にはないノウハウを持った専門家のおかげで滞りなく書類の準備が進みました。その過程で兜町《かぶとちょう》（東京都中央区）の公証役場に行った際には、公証人の方が別れ際に手を振りながらこう言いました。「がんばってね」。なぜかそのときの光景が自分の脳裏にやきついています。またスマイルズからは正式に出資と融資を受けました。とは言っても、移転や賃貸契約、今後予想されるその他様々な支払いを考えると、懐を暖かくしておくに越したことはありません。私はずっと集めていた対外宣伝誌のコレクションを手放すことにしました。決断をくだすのに迷いはありませんでした。売却したお金を鈴木ビルでの「一冊の本を売る書店」の資金にあてる。それなら本望。神保町の古書会館で毎週金曜日に執り行われる明治古典会に出品しました。

また、このとき、京橋のある会社から、地下倉庫にねむる古書やポスター類を見てほしいという依頼がありました。現地をたずねてみると、地下三階の広大なスペースに本と書画、版画、アニメのセル画などが大量にありました。一見して、これは私一人の手には負えないとわかりました。神保町でもっともこの分野につよい書店の方に応援を頼んで、これらをまた明治古典会に出品しました。そのなかには『龍泉集芳』がありました。一誠堂書店にいたとき何度か目にした本でした。確か二冊で十万円くらいの古書価格がついていたと思いますが、長年地下にあったせいで、箱から取り出してみると状態の良いものではありませんでした。しかしこの本がここにあるということは、持ち主は、繭山龍泉堂《まゆやまりゅうせんどう》で買い物をしていたということでもあり、おそらく、ここにある本は、美術のコレクションのための資料ということでしょう。そのような人がいてくださったことと、このタイミングで巡り会えたことに感謝するほかありません。『荒野の古本屋』にも書きましたが、私はもともと、潤沢な資金があるのではなく、つねに何とかお金を捻出していたのです。今回は、様々な本を売却することによって、自らを加速させていきました。オープンの日は二〇一五年五月五日と決めました。

森岡書店という名前の由来は、例えば小宮山《こみやま》書店や八木書店、山田書店など、一誠堂書店から独立した遠い昔の先輩にならって、名字＋書店というかたちにしたいと思ったことによります。森岡書店という文字のデザインにはこだわりはありませんでした。「森岡書店にロゴマークはありますか」などと訊《き》かれた場合は、「明朝体で森岡書店としてください」と答えていました。しかし今、鈴木ビルに移転するにあたり、この際、森岡書店のロゴマークをつくろうと思いました。明朝体も好きですが、デザイナーの集っていた場所だし、ここにふさわしいロゴマークがあって良いだろうと。そのデザインは、Ｔａｋｒａｍの渡邉康太郎さんにお願いすることにしました。すると渡邉さんは、まずは私が好きな本を十冊取材するところからはじめました。岡倉天心『茶の本』や九鬼周造『「いき」の構造』などをあげたでしょうか。他の正確なタイトルは忘れてしまいましたが、渡邉さんはそこからデザインを導こうとしていました。あるときは、鈴木ビルの近所の喫茶店で、コーヒーを飲みながら、どのような本を取り扱っていきたいのかの聞き取りがありました。渡邉さんは、私が回答したことを、紙のノートに万年筆で記していきました。そうして出来上がったのが、鈴木ビルの住所をベースにしたデザインでした。一つの本と、一つの部屋をイメージした菱形《ひしがた》が最後に付け加えられました。住所がそのままロゴマークになっている。まさに鈴木ビルがあってこその事業で、鈴木ビルがあってこそのデザインになりました。しかもなんと森岡書店オリジナルの書体も開発され、その文字でロゴマークが構成されました。このロゴマークをはじめとして、その後、Takramが行ってくれたブランディングには、すごい力がありました。ブランディングというと、ちょっと、あれって思う方もいるかと思いますが、世界中に森岡書店の取り組みを発信することと換言できます。その内容はあとで書こうと思います。

店舗の内装をどうするかも緊急の課題になりました。予算のこともありますが、なるべく手をかけずに、昭和初期の空間をそのままの状況で使用しようと思いました。ドア周りと外観のガラスの整備、壁の塗装、照明器具などの内装はcmyk代表で空間デザイナーの吉里謙一《よしざとけんいち》さんが担当してくださりました。什器《じゅうき》は私が探すことにして、ネット上で毎日のようにここにふさわしいカウンターとテーブルを探し続けました。その結果、カウンターは札幌のunplugged《アンプラグド》で、テーブルは福岡のkrank《クランク》で、それぞれのオンラインストアで見つけることができました。照明は、飛松灯器《とびまつとうき》の飛松弘隆《ひろたか》さんがつくるランプを導入することにしました。しかし最大の問題は、鈴木ビルそれ自体にありました。私が借りることになった部屋には、四十年間、喫茶店が入っていましたが、おそらく四十年前に造作したと思える「塗り壁」のデコレーションが、外側のレンガの柱の上にモルタルでしてあったのです。例えて言えば、「秀和《しゅうわ》レジデンス」という古いマンションが、いくつか都内に建っていますが、その外壁と同じ状況です。また、入り口の真上には、半円状の看板のようなものが取り付けられていましたが、「これは何ですか」と鈴木さんに質問すると、「その裏側にもモルタルが塗り付けられている」ということでした。私は看板もモルタルも外すことにしました。どう見てもこの装飾は鈴木ビルには、調和しません。ところが、管理会社にこちらの希望を伝えると、担当の方が、それは難しい、我々も以前試みようと思ったが、モルタルが硬くて剝がれない、剝がす過程でレンガ自体も破損してしまう、というのでした。しかし私は、このモルタルを剝がせば、鈴木ビルはいっそう輝きを増すはずとの確信を固め、慎重な手作業で行うことを鈴木さんに申し出て、了承を得たのでした。モルタル剝がしを手伝ってくださったのは、飛松弘隆さん小駒眞弓《こごままゆみ》さんご夫妻でした。しかしそれは予想を超える困難な作業になりました。

鈴木ビルのレンガは、表面に縦に溝が幾つも入っているレンガを採用しています。そのため、ちょっと叩《たた》いたくらいでは、「塗り壁」の装飾はびくともしないのです。

かといってマシーンを使うとレンガ自体も確かに破損する恐れがあるので、錐《きり》のように尖《とが》ったドライバーを片手に持ち、それをハンマーで叩いて、試しながら、少しずつモルタルを削っていきました。まずは、正面右手の柱から。モルタルは縦二百センチ、横四十センチにわたりびっしり付着しています。叩く音もけっこう近隣に響きます。目の前にはマンションが建っていて近所迷惑になるので、夜間は避け、昼間の時間帯に作業を行いました。飛松さん、小駒さんも仕事のあいまに駆けつけてくださりました。水をかけてから叩くと、少しは効率がいいことが、徐々にわかってきました。それでもすべて叩き落とすまで二か月はかかったでしょうか。正面右側の柱はもとの状態に近づきました。しかし、さらに問題なのは入口の上部に取り付けられた半円状の看板と、裏のモルタルです。まずは半円状の看板を取ってみると……。そこには、柱に付着した以上のモルタルがたっぷり塗ってありました。それを見た私は怯《ひる》むどころか、ここが山場とさっそく剝がしに取り掛かりました。しかし、分厚いモルタルと高い足場に作業は難航し、時間ばかりが過ぎていきます。近所のセブン‐イレブンでミネラルウォーターを買おうとしたときでした。一緒にいた小駒さんが、「気持ちはわかるけど、開店には間に合わない」というような冷静なアドバイスをしてくださりました。「時間のあるときにまた再開しよう」とも。私もうすうすそのことは感じていました。半円の看板部分は諦めました。鈴木ビルの柱を見ると、今でも、飛松・小駒夫妻の姿を思い出します。

半円の看板を再設置するためには専門の業者に来てもらう必要があり、けっこうな金額がかかることが判明しました。もちろん賃貸契約や什器の調達、その他、諸々《もろもろ》ありすぎる出費。計算していたとはいえ、やはり、計算通りにはならないものです。そしてよく考えてみると、近い将来、株式会社森岡書店の銀行残高は七万円までに減ってしまうことが判明しました。あ、これは、やばいのではないだろうか……。茅場町の店舗をはじめたばかりのときも確か銀行の残高は七万円くらいになっていたはず……。私は切り詰められるものは切り詰めることにしました。その結果、エアコンを無くすことにしました。エアコンは鈴木ビルの場合、室外機をビル外壁の上部に上げて設置し、それを黒く塗らなくてはいけません。とはいっても、いくらなんでも真夏の盛りにエアコンのない書店というのは厳しい。やはり夏までに売上を貯《た》めて設置することにしました。

オープン前日の午前。ギリギリになってようやく内装工事も完了し、あとは、テーブルとカウンター、照明を入れるだけ、というところまでこぎつけました。そして、予定通りの時間帯に、カウンターが札幌から到着しました。拍手で迎え入れて、これを配置すれば、もうほとんど完成と安心したのも束の間《つかま》、実際に入れてみると、カウンターの縦方向のサイズが長すぎて、どうしても空間を圧迫してしまうのです。壁がそびえたっているように。外から見てもどうもバランスが良くありません。図面を見てイメージしていたときにはちょうど良かったのですが……。これは困りました。オープンは明日。時間もない。オープンを延期することもできない。考えられるのは、このカウンターを一旦鈴木ビルに預かってもらい、どこからかテーブルのようなものを調達して、明日の急場をしのぐということ。

そんなこんな考えているときでした。「ここは何ですか」と入ってきた人がいました。「いやー、明日から本屋をここではじめるのだけれども、カウンターが大きすぎて今困っているところなんですよ」と私は言いました。するとその人は言いました。「下の二段を切ればちょうど良いです」。私は、えっ、となりました。「そんなことできるのですか」と言うと、「できます、のこぎりありますか、ないなら買ってきてください。切ったら、ちょうど良くなる」。

私はそのまだ見ぬのこぎりを目指して、一目散に東急ハンズ（現ハンズ）銀座店に走りました。のこぎりは、確かに売っていました。のこぎりをレジに持ち込んで支払いをして、しっかりこの手におさめて、また一目散に鈴木ビルに走りました。そして、その方にのこぎりを手渡しました。すると……。その方は、まるで、ルパン三世に登場する石川五ェ門のようにズバッとカウンターを切り落としました。おそらく実際には二十分くらいかかったと思うのですが、まるで、一瞬のようでした。切り落とすやいなや、その人は「また来ます」と言って部屋から出ていこうとしました。私はお名前と連絡先を訊きました。後に知ったのですが、建築の仕事をされて、家具もつくっている、まさにこのタイミングで出会いたい方に出会うことができたのでした。工藤《くどう》さん、あのときはありがとうございました。工藤さんがあの日あのとき、銀座にいなかったら、開店はまったく別のかたちになっていました。遠山さんからも連絡があり、開店祝いに、スマイルズからエアコンをいただくことになりました。

国際的に大ブレイクか

二〇一五年五月五日。「一冊の本を売る書店」は沖潤子《おきじゅんこ》さんの作品集『PUNK《パンク》』（文藝春秋）からはじまりました。沖さんは布や洋服に、主に円形の刺繍《ししゅう》をほどこして、他にどこにもない世界観をつくりあげるアーティストです。沖さんの作品とは何かと訊かれたなら、私は、円形の刺繍の中心から、この世界が生まれてくるようなイメージと答えます。それをまとめた『PUNK』は、デザインにしても写真にしても、製本にしても、本をつくるメンバーの気持ちがこもった一冊であることは一目瞭然でした。沖さんに、新しい書店のコンセプトを説明すると展示販売の開催を快諾してくださりました。開店のその日、たくさんのお客様がかけつけて、本を買っていかれました。次の日も、その次の日もお客様は絶えませんでした。沖さんも毎日店頭に立ってお客様を迎えてくださりました。「一冊の本を売る書店」の取り組みについて取材をしたいというメディアもあり、蓋をあけてみれば、多くの人々に喜んでもらえるような状況が続きました。

海外からも反響がありました。Ｔａｋｒａｍの渡邉康太郎さんのもとに、イギリスのガーディアン紙から取材の依頼があり、それがオンラインで記事になったことや、Ｔａｋｒａｍのホームページに英文で森岡書店のことを紹介してくださったことが海外での認知度をあげてくれました。このころからインバウンドが盛んになり、銀座でもたくさんの外国人観光客が歩いていました。いつのまにか森岡書店は観光地として認識されていったのです。

そんなある日、今日はいつも以上に中国からのお客様が多いなと思っていると、その日をさかいに、次から次に、中国からの方々が来てくださる状態に突入しました。あるお客様がスマホを片手に教えてくださりました。「この書店のことが、中国のインターネット上で、事細かく紹介されている。しかも、『いいね』の数が振り切れている。ただの人が紹介したのではない。上海《シャンハイ》の英才教育機関のこの人が紹介している」。画面には一人の男性の顔写真が載っていました。私は、あっとなりました。顔に見覚えがあったのです。間違いなくあの人でした。

二〇一二年くらいだったでしょうか。茅場町の店舗で店番をしていると、鋭い目つきの方が入ってきて、店内を見渡して、一冊、本を買ってくださりました。その本が何だったかは覚えていませんが、その人の眼光と服装は忘れません。一誠堂書店時代、プロボクサーで世界チャンピオンとして九度の防衛に成功した勇利《ゆうり》アルバチャコフ氏が店内に入ってきたときの眼光と同種のものでした。かなりラフな恰好《かっこう》で、ゆったりした白いTシャツに、何色ともつかないような薄い色のパンツ。何というか、一見しただけなら怪しい人。私は本を手渡すときに「ありがとうございます」とだけ言いました。その人が上海で森岡書店をこと細かに分析してくださっていたのです。

中国大使館の方が見学に来てくださった際は、こう言われました。「あなたは近い将来、巨万の富を築きます」。そのとき、私は、その言葉を信じようと思いました（もっとも、二〇二四年八月現在、その予言は実現していませんが）。もし「巨万の富」を築いたならどうしようかと考えて、「世界一周の旅」をしたいという希望がふくらみました。子供のころ、日本テレビ系列の「史上最大！アメリカ横断ウルトラクイズ」が大好きで、決勝戦のニューヨークに立ち、最後のクイズに答えて優勝するシーンを練習していたことがありました。そのときのことを思い出しました。

目つきの鋭い上海から
のお客様

またあるとき、上海から一本の電話がかかってきました。「明後日十八時三十分に訪問したいが、いますか」と電話の方は流暢《りゅうちょう》な日本語で言いました。ハリのあるネイビーのトレンチコートを着て、重厚な革の鞄《かばん》を持った方が予定通りに現れました。いただいた名刺は弁護士。事務所の住所は上海ヒルズ。その方は次のように言いました。「ここにはたくさんの中国の若者が訪れている。彼らと何でもいいから話をしてほしい。どこから来たかとか。少し話をするだけで、お互いの印象はずいぶん違ってくる。買い物だけではもったいない」。訊けば、かつて大阪の大学に留学した経験があり、今晩はこれから銀座で会食とのことでした。それだけ言うと去っていったのでした。短い時間でしたがとても印象に残りました。

その頃から私は、海外のお客様向けに、本に「似顔絵」を描くようになっていきました。「日本語が読めなくて買うものがない」と言われたとき、それなら、「似顔絵」描きますよ、と返答したのがきっかけでした。もちろん、「似顔絵」といっても似ているわけではありません。その状況を楽しんでもらえれば……という軽い気持ちではじめました。旅の思い出になってくれたら良いくらいに。ところが、それがSNSで拡散されたのか、徐々に、毎日のように「似顔絵」を描くことになっていきました。妙なことになったと思いつつも、アメリカやイタリア、イギリス、フランス、スイス、オーストリア、スペイン、中国、韓国、台湾、シンガポール、クロアチア、メキシコ、ブラジル、インド、オーストラリア、タイ、まさに世界中から来店してくださる方々に、その本の説明をしながら「似顔絵」を描いて販売するのは、けっこう楽しいことでした。後日、「本屋B&B」の内沼晋太郎《うちぬましんたろう》さんとトークイベントに一緒に登壇したとき、「最近、本に似顔絵描いて売ってるでしょ」と言われ、会場が笑いにつつまれました。そのとき、確かに、そんな本屋がいたらやばいな、と自分でも思いました。

おそらく、というか間違いなく、海外から来るお客様の多くは、本を求めているわけではなく、新しいアイデアがかたちになった場所を体験しに来ていました。しかしそうだとしても、私は、それを前向きにとらえていくことにしました。Ｔａｋｒａｍのサイトに掲載された英文の紹介を閲覧しているお客様もたくさんいました。

ソウルで小さな書店の経営と翻訳を行っている李孝晋さんが『荒野の古本屋』を韓国語に翻訳して、ソウルの書店で出版記念イベントを開催してくださることになりました。李孝晋さんは延世《ヨンセ》大学校を卒業したあと日本に留学したということで流暢な日本語を話しました。そのときに住んでいたのが中野で、『荒野の古本屋』に書いた中野区立中央図書館の風景に馴染《なじ》みがあるとのこと。まさか自分の著書が外国で翻訳されるとは思っておらず、最初に知ったときは、飛び跳ねるような気持ちになりました。かくして、私は、ソウルへ行くことになりました。

　ソウルに行くにあたり、翻訳して出版し、トークイベントまで企画してくださるのだから、手土産を持っていきたいと思いました。トークイベントの会場は弘大《ホンデ》地区の書店THANKS《サンクス》 BOOKS《ブックス》。THANKS BOOKSのイ・ギソプさんとは、ギソプさんが東京でトークイベントに登壇した際に、一緒に話をしたことがありました。その会話のなかで「ふだん、どんな食べ物を食べていますか」と訊いたとき、ギソプさんは「だれと食べるかも大切だ」と答えました。そのことが頭にあり、ギソプさんには、木のスプーンを用意しました。翻訳と出版をしてくださった李孝晋さんは、自分の書店を開業して、且《か》つ、翻訳の仕事をはじめたばかりときいたので、南部鉄器のテープカッターを用意しました。丈夫なテープカッターなら長く使ってもらえるだろうと。

　こうして、航空券を用意した私は、羽田空港に向かいました。トークイベントは夜七時からはじまるので、お昼過ぎ、二時発の飛行機に乗れば間に合います。朝、新宿駅からバスに乗車したのでした。

バスのなかでは、「トークイベントの時代」について思いを巡らしていました。自分自身、ある著者のトークイベントに参加したときのこと。ご著書を読んではいましたが、トークショウでお話をお聞きするのははじめてで、話題の豊富さや口調、しぐさ、着ている洋服、どれも素敵で、すぐに話に引き込まれました。私はいい年になっていましたが、将来、このような大人になりたいと思いました。学校や本で得た知識も大切ですが、このように直《じか》に人に接して得られる、雰囲気というか、声の張りというか、それらはまた別もので、自分のこころに残っていきます。その後にまた本を読んだりすると、そのときの声が蘇《よみがえ》ったりしました。現在はトークイベントの全盛期だと思いますが、そういった身体的体験が求められているのではないか、先にも書いた雰囲気というか、声の張りというか、空間を、振動しながら伝わるというか。リズムのような。そう考えながら、羽田空港の出発ロビーに向かう私がいました。何と言いますか、ついに、俺もここまできたな、みたいな。

しかし、事態は思わぬ方へ急転しました。搭乗手続きをしていると、私が乗るはずの飛行機がないのです。何度入力してもない……。手元のデータを確認してみても、二時に出発することに間違いはなく、到着の空港も間違いなく仁川《インチヨン》空港。窓口で訊いてみました。すると窓口の方はこう言いました。

「ご予約の便はすでに二時に出発しております」

私は、えっ、となりました。まだ十二時なんですけども……。

しかし、すぐに、あっ、となりました。予約した飛行機は午前二時発の飛行機だったのです。私は、あろうことか、二時と十四時を間違えて航空券を予約していたのです。どうりで価格が安かったわけで……。羽田空港を午前二時に出るのは、国際線の乗り継ぎがメインとのこと。おそらく、その頃、このロビーでは私の名前が連呼されていたのでしょう。その光景が眼前に広がりました。そして私はこう言いました。

「これはやばい。やばい。やばいこれは」。十九時に間に合いません。バスでの悠長な回想は吹き飛んでいました。窓口の方に、どうしても十九時にソウル市内にいる必要がある事情を相談すると、調べてくださり、十五時頃に羽田空港を出発する金浦《キンポ》空港行きの便に、一席だけ空きがあるとのことが判明しました。しかし価格は、当初の四倍ほど。乗るならいますぐおさえなくてはならないとも。迷っている時間はありません。私は、最後の一席を予約する決断をしました。そしてすぐに、李さんには仁川空港ではなく、金浦空港に十七時三十分頃に到着することを伝えました。

そうしてどうにか十七時四十分頃に金浦空港に到着ロビーで出迎えてくださった李さんは、こう言いました。「森岡さん、ギリギリ間に合うかもしれません」。金浦空港から弘大の会場までの所用時間を検索すると、十九時ちょうどになっていました。空港内をとにかく急ぎ足で移動して電車に乗車して……。会場の扉を開けたのは、十八時五十九分でもなければ、十九時一分でもなく、ちょうど十九時。会場にはたくさんのお客様をあつめてくださっていて、そのお客様に李孝晋さんは、こう言いました。「森岡さんは日本人ですが、このような日本人もいます」。

ソウルでのイベントでは、私は、以下のようなことを述べました。

日本人は縄文系と弥生系の二つに分けられるという仮説を、以前、作家の橋本治《はしもとおさむ》さんが展開していました。ざっくり言うと縄文人は狩猟採集。弥生人は農耕・定住。最近の人々の働き方を見ると、「フリーランス」と呼ばれる人や、企業のなかでも、そのような振る舞いをしている人が、徐々に増えてきているように思います。このような人は縄文系です。仕事が定期的にあるわけではないから、生活は安定しない。常に稼働できる準備が必要で、イメージでは、牙を研いだり、爪をみがいたり。蔓《つる》を編んだり。対して弥生系は、例えば公務員のような定収が保障されている仕事でしょう。伝統的な農業もそう考えられます。いま、縄文系の働き方を志向する人が、相対的に、増えています。

ところで、森岡書店が銀座に移転してから、オリンピックを前に、大規模な工事現場を日常的に見かけるようになっていました。その様子を見ていると、都市に流し込まれるコンクリートは、砂利や石や砂でつくられている。ガラスや鉄などの建築素材も、かたちをかえているだけで、もとはといえば石や砂。アスファルトも化石燃料。するど実は、天然由来の岩場みたいな空間で、大自然と構成要素が変わりません。巨大な石切場のようにも見えてきます。

つまり、さきほどの話と合体すると、現在の岩場のような都市では、縄文系の人がうごめいている。そしてそこで狩猟採集をしている。デジタルメディアの発達でそれができる環境が整った。組織のなかで働いている人でも、一見、弥生系に見えても、実は縄文系の働き方をしている人がたくさんいて、そういう人たちが新しいイメージをつくり出している。岩場の都市の狩猟採集民の彼らにとって、大切なのは「野生の勘」をとりもどさなければならないということでしょう。「野生の勘」とは何かと言えば、「この企画はおもしろい」というような直感のみを信じること。そのような人にとって、ネット上にあがる前の情報や、リアルなネットワークは、より大切で、その意味で「書店」がいよいよ求められています。世界中の都市に書店がいま必要とされる背景ではないでしょうか。

そして、驚くべきことに、この内容をその後、北京《ペキン》や上海、深圳《しんせん》、台北、台中、ニューデリーに行って、話していくことになったのです（このように書くと、森岡は、国際的に大ブレイクしたように見えるかもしれませんが、内実が大変なのは変わりません）。

ある日、スリランカのコロンボに行き、本を買い付けるという仕事が舞い込んできました。ある方が新規でカフェを出店するに際し、どこにもないような大きな書棚をつくりたいので、その本を用意してほしいという依頼でした。どうも、コロンボには、ほとんど日本で紹介されたことのない古本屋ストリートがあるので、そこで買い付けした本を並べてみてはどうかというアイデアがすでに出ていました。私はまだ見ぬ書店街に惹《ひ》かれて仕事を引き受けることにしました。羽田空港からまずシンガポールのチャンギ国際空港に行き、そこで乗り継いでコロンボに降りたちました。空港から市内までは自動車で移動しましたが、けっこう距離がありました。予約したホテルに到着すると目の前にインド洋と砂浜が広がり、砂浜で釣りをしている人の姿がありました。ホテルと砂浜の間には鉄道の線路があり、ときどき、たくさんの人を乗せた列車が通過していきました。ホテルのテラスで珈琲《コーヒー》を飲みながらその光景を眺めていた私は、こう思いました。「ここは良いところだ」と。砂浜を歩いているとイギリスから来ているという方とすれ違い、「何しに来てるの」と声をかけられたので、「本を買いに来た」と言いました。その人は、不思議そうな顔をして「ここは良いところだ」と確かに言いました。

翌日、私は、コロンボ市内の古本屋ストリートに向かいました。書店は道路の片側に十軒ほどあったでしょうか。片側だけだから、神保町と一緒で、本が日に当たらないよう北向きなのではないかと思いました。すべてのお店をのぞいてみて、売っているのは、ペーパーバックの英語の小説がほとんどということがわかりました。スリランカにしかない絵本だったり、写真集だったりを期待していたので、考え方を変える必要が生じました。カフェの書棚をまるごとコロンボの書店の本にしてしまおうと考えたのです。そのことを依頼主に確認するとオーケーということで、早速、どの書店がふさわしいかを再度確認することになりました。実は、どの書店も同じようなラインナップで、あとは状態がすこし違うだけ。ある一軒のお店だけ、本にはたきをかけて、きれいにしている人がいました。私は、そのお店で相談することにしました。「この店のほとんど全ての本を買いたいです」と言うと、その人は驚きました。しかし、それは、あまり良い光景ではなかったかもしれません。書店をまるごと買う。バブル期の金満家のようです。きっとそのように私の姿は映っていたのではないでしょうか。しかも、私は、出していただいた「フルーツジュース」が、あまりに甘くて飲むことができず、一口、くちにして、もう飲めません、という表情になったのです。するとお店の方は「これは旦那様がお気に召さない味だ」というような感じになり、若いスタッフが、いそいそと「フルーツジュース」を引きあげていきました。翌日、トラックを手配してもらい本を日本に向けて発送しました。問題はその後に発生しました。

日本に戻って程なくすると、あろうことか、新規でカフェを出店しようとしていた方が行方不明になりました。そのカフェのため、パリで什器を買い付けた人もいたのですが、パリから連絡があり、「代金の支払いがないため裁判を起こす」とのこと。そうです、依頼主は資金繰りが悪化してしまったのです。これは、はっきり言って自分もやばい。依頼主からは依然として入金はなく、いろいろ計算すると、その翌月末の森岡書店の支払いが滞ってしまうことがはっきりしました。それがわかったとき、私は、全身の力が抜けて街を歩いていたようです。ようです、というのはその姿を目撃していた友人のグラフィックデザイナーがいて、「かなり疲れていますね」と教えてくれたからです。

私は、おもいきって、依頼主の家を訪ねました。二階にあがり、奥様に請求書を渡して、支払ってください、とお願いすると、「主人のことはわかりません」。そばでは息子さんが机のうえを拭いていました。パリの方からは「差し押さえの権利を得た」と連絡がありました。結局、私の場合は、最後の攻防を経《へ》て、代金の一部を回収することができ、森岡書店の支払いをなんとか入金することはできました。本当になんとか。そのことをまた別の業界の先輩に話したら、そういうときは、先方に「蛇」を送るといい、と教えてくれました。カネの催促には「蛇」が効くという言い伝えがあるのだそうです。確かに、いきなり、「蛇」が送られてきたら、おののきます。みんな、どこで買うのかと思うはず。上野のアメ横でマムシを売っているお店が脳裏をよぎりました。

妄想野郎

「一冊の本を売る書店」というあり方が国際的にも受け入れられ、「あなたは近い将来、巨万の富を築きます」と予言されたものの、実際は、このように毎月の支払いを、なんとか、がんばっているという状況でした。ずっと森岡書店に足を運んでくださっているTさんは、ある日、こう言いました。「これくらいやったら、もっと儲《もう》かってもいいよね」。

確かに、国内外で講演会を企画してもらったり、著書を出させてもらったり、若いころの自分に教えてやりたいくらい、私は、たくさんの仕事をしてきました。スリランカで書店一軒分の本を買ったり、しかしながら、その後に支払われるはずのものがなかったり、他ではできないような経験を味わったと言って良いでしょう。新刊の書籍を販売する書店は、利益率のことがあり、なかなか利益を出すのが難しい商売でもあります。しかしそれにしても、この経済的な現状はどういうことなのか。ある日、お金について、以下のような対談形式の妄想をしてみました。しばしお付き合いください。場所は、銀座のとあるバーと設定しました。

A「そもそも、巨万の富の実体にあたるお金とは、いったい何だ、言ってみろ」

B「お金は、時給や月給、年収など、時間と結びつく性質があります。また、坪単価や2LDK、最上階など、空間とも結びつく性質があります。つまり、時間と空間に対して、『お金』が生じやすい。東京都の最低賃金は時間額千百十三円、山野楽器銀座本店前の土地の坪単価が一億七千五百二十万六千六百十一円、というように」

A「おまえ、良いこと言うじゃないか。その先があるなら、言ってみろ」

B「まあ、焦らないでください。焦っても良いことはありません。ところで、時間と空間とは、何ですか？　それすなわち、この世界のことですね。哲学者カントの『コペルニクス的転回』を思い出してみてください。時間と空間という認識は、経験に先立ったものでしたね」

A「あ、それなら、オレも聞いたことがある。認識は対象に先立つ。つまり、眼前の世界を認識しているのではなく、脳内に認識があるから、眼前の世界がある」

B「そうです、それです。すると、認識が増えれば複眼的になる。すなわち世界が増える、ということにはなりませんか。なるでしょう。なるんですよ。そして、世界は、時間と空間でできている。時間と空間は、お金の実体でもある。すると、認識が増えるとお金が増える、という理論が成り立つのではありませんか」

A「確かにそうとも言えるな……。このオレなら、今日のこの日まで、多くの本を読んできた。え、どれくらい？　おまえの読書量など、オレの足下にもおよぶまい。なかなかできないような経験もした。経験ならある」

B「しかし、あなたの銀行の残高は増えてないではないですか。ぜんぜん増えてない。いや、むしろ縮小傾向だ！」

A「すべてお見通しということか……」

B「でもご安心ください。私の最新の理論によれば、この世には、見えないお金というものが存在するのです。本来ならあるはずのお金がないのなら、見えないお金があると考えれば、つじつまがあうのです」

A「なに、見えないお金だと……。バカな」

B「残高の数字として出現しない、見えないお金。あなた、それを、意識的に貯めてみてごらんなさい。それがどうなるのかは、私にもわかりません。ただ、そうすることによって、何かが起こるはず。きっと起こる。あなたに実験してほしいのです」

A「オレの良いところは、なんでもすぐにやってみることだ……。ひとつ騙《だま》されたと思ってやってみるか。その見えないお金とやらを貯めてみようじゃないか」

B「あなたには、何かが起こる‼」

そう言うと、Bは席を立ち、風のようにバーから出ていったのでした。

Aはバーのカウンターで、ハイボールを注文しました。

すると今度は、隣のイスにかけていたCが話しはじめました。

C「ハッハッハ。聞かせてもらったよ。さっきから、カネカネカネって。君は、我利我利亡者かね」

A「誰だ、おまえは」

C「そんなことはどうでもいい。しかしね、君、古今東西、人間社会のなかで価値のあるものは何かと問われたなら、何と答えるかね。わかるかな。わからんだろうな」

A「そんなこと言うおまえに、答えがあるというのか？ あるなら、言ってみろ」

Aの前には、先ほど注文したハイボールが出され、Cは、追加のカクテルとしてヴァイオレット・フィズを注文し、そしてこう言いました。

C「それは、愛。人間にとって愛ほど価値のあるものはない」

A「なに、愛だと……」

C「しかし、愛に価値があるにも拘《かかわ》らず、古今東西、愛に直接的に課金されたことはない！　そうじゃないか、君？　私は、愛に直接課金すれば良いと思うんだよ」
A「そんなことできるのか？　できるというなら説明してみろ！」
C「かつて戦前期、日本の社会には、特別高等警察という組織があった。共産主義者やアナーキストや過激な国家主義者を取り締まった組織だ。全国、網の目のように捜査網を張り巡らし、徹底的に検挙していった。『蟹工船《かにこうせん》』の小林多喜二は、築地警察署の地下で拷問され死んだ。アナーキストの大杉栄は憲兵隊本部に連行され死んだ。私は、現代に、特別高等警察を復活させれば良い。そう思っているんだよ」
A「どういうことだ。続きを言ってみろ！」
C「現代の特別高等警察は、愛を取り締まるのだよ」
A「なに、愛を取り締まる？」
C「かつての特別高等警察は、いや、現代の警察も、基本はマイナス方式だ。一時不停止を取り締まる。駐禁を取り締まる。というように。私はだね、それを、プラス方式に変えさえすれば良いと思うのだよ。警察に部署を一つ新設して、そこでは、徹底的に愛のある人をマークする。奥さんを愛する人、恋人を愛する人、子供を愛する人、親を愛する人、隣人を愛する人。そういう人を連行しては、例えば、地下室などでマッサージをして差し上げる。あるいは、報奨金をお渡しする。財源は、駐禁の罰金などをそのままスライドすればいい」
A「そうすれば、愛のあるところには、直接課金できるというわけか……」
Cはヴァイオレット・フィズを飲みほし、席を立ってバーから去っていきました。次のように言い残して。
C「その通り。そして世界はもうそうなっているのだよ。君が気づくまいと。ハッハッハッハ」

このような妄想ばなしを、ときどき店頭で口にしていたからだと思うのですが、あるときから、企業の社員向けの研修に登壇する仕事が舞い込んでくるようになりました。いまにして思えば、突拍子もないこと、箍《たが》が外れたようなことを発言することで、大枠を崩すことが、私に求められていたのではないかと思います。そこから各自がより自由な発想を導くという流れで。

ときにはより具体的な提案の依頼もありました。例えば、銀座六丁目の、現在、電源開発本店がある地域の再開発には、どのような企画がふさわしいか。或いは、原宿の表参道と竹下通りのあいだの地域の再開発における企画の提案。或いは、ホテルのラウンジを改修する際、お客様がより喜んでくださるイメージの構築。

なかには、新しい書店をやるなら、どのような書店にするかという、一歩ふみこんだ内容の案件もありました。そこで私は、実現できなかった「アトム書房」復活を念頭に、以下のような書店を妄想してみました。これまたしばしお付き合いください。

株式会社シン・ショテンの設立。資本金は一億円で、所在地は東京駅前の常盤橋《ときわばし》。現在建設中で、竣工《しゅんこう》後は、地上六十三階、約三百九十メートル、日本一の高さとなる超高層ビルの最上階に開店します。下記の事業内容に賛同してくださった、同ビル管理会社の多大な協力を得て実現しました。同社のメセナの一環として、業務委託を受けて運営されます。提出した企画は当初、課長止まりになっていましたが、正面突破を試み、社長に直談判したところ、英断がくだされました。

株式会社シン・ショテンはリサイクル書店として運営されます。不要になった書籍を、日本中から引き取ります。十円、百円、五百円、千円の四つの価格で販売し、売上の全額を慈善団体に寄付します。児童養護施設、障がいを持つ人々などの支援や、戦災の復興に使われます。二〇一四年に、鈴木芳雄《すずきよしお》さんたちが神宮外苑《がいえん》の東京藝術学舎で行ったチャリティーイベント、「アート好きによるアート好きのための図録放出会Vol.3」をベースにしています。このイベントのように、善意で不要な本を分けてくださる方は多いと確信しています。

同ビル管理会社からは、一か月の業務委託費として、千五百万円をいただきます。ここから一か月の家賃・人件費・諸経費等が賄われます。家賃は百坪で五百万円、人件費は社員十名で五百万円、諸経費は以下のように見積もっています。発送費二十万円、消耗品費二十万円、光熱費○円、交通費二十万円、交際費六十万円、ゴミ処理券費十万円、租税公課五千円。余剰分が会社の利益となります。

社員の募集はこれから行います。求人は、マガジンハウスの大好きな雑誌『ブルータス』の「求人特集」にて、二ページ見開きで公開されることが決まりました。月給は三十万円から。社会保障完備、交通費支給、賞与年三回、一日七時間労働シフト制、休憩二時間、特別休暇年三十日。年齢・学歴不問で、この本屋でやりたいことがあることが条件になります。それを四百字詰め原稿用紙一枚に書いて送っていただき、その後、四回の面接試験を行います。一次面接は東京ドームで、○×式のクイズを行います。通過者は、飛行機でハワイに行き、機内で二次面接としてペーパーテストを受けてもらいます。その後、全員にハワイ観光を楽しんでいただき、合格者のみがハワイからサンフランシスコへ向かいます。サンフランシスコでは、シティーライツ書店にて、三次面接として早押しクイズを行います。そして通過者はニューヨークに移動。最後の四次面接をストランド書店で行います。各自、十万円分の本を買ってもらい、なぜその本を選んだかの説明で合否が決まります。出題される問題は、本や出版関係だけでなく幅広く用意されます。例えば「宇宙はどこまで広がっているか」「百億円の買い物を一日でするなら何を買うか」「太平洋戦争がはじまった理由と負けた理由を述べよ」「好きな食べ物を述べよ」等々。敗者復活もあります。費用は全て弊社が負担します。一連の流れを動画のコンテンツとして配信する案も検討しています。

完全リサイクルという観点のもと、地上三百九十メートル、広さ百坪、天井高十メートルの店内の中心に、小型の火力発電所を設置します。一定期間を経て売れ残った書籍、破損等で販売に適さない書籍は、発電の燃料に用います。最新の技術により、化石燃料と同じように本を取り扱うことができるようになりました。店内の電力はもとより、ビル全体の電力をここで発電します。余った電力の販売も行います。排出される二酸化炭素は、最新鋭の装置により、ビル内に植えられた楮《こうぞ》の光合成に用います。都市の緑化を助長するだけでなく、そこから紙を漉《す》き、それを防水加工し、オリジナルのテキスタイルを仕上げます。それを用いてスーツやシャツを制作して販売します。

二〇二一年の東京ビエンナーレでは、美術家の太湯雅晴《ふとゆまさはる》さんが、かつて福島県双葉町に掲げられていた「原子力　明るい未来のエネルギー」という標語看板を用いたインスタレーションを行いました。すなわち、そこから『明るい未来』という文字を抜き出し、銀座・数寄屋橋《すきやばし》にある岡本太郎作「若い時計台」の前に設置したのです。株式会社シン・ショテンでは、その再現を太湯さんに依頼し、「明るい未来」の看板をビル屋上に設置し、点灯させることを決断しました。昭和の風情があるような電飾看板の方が、コントラストがあり、訴求力があがるでしょう。

また、私の地元の山形では、「たてまえ」という、住宅の棟上げ式の際に、近所の人々をあつめて、屋根のうえから、餅《もち》と五円玉をまく風習があります。もしかしたら現在は少なくなっているかもしれませんが、私が子供のころは、それが楽しみで、いまかいまかと待っていたものでした。「近隣の皆様これからよろしくお願いいたします。幸福なご縁がありますように」という願いがこめられた儀式です。その意義は受け継いでしかるべきでしょう。そこで、株式会社シン・ショテンが開店する前日にも、地上三百九十メートルから餅と五円玉をまきたいと思います。しかし、この高さから餅やコインを落下させるのはさすがに危険です。そのため今回は、特別に、五千円札を二千枚用意しました。九時、十二時、十五時、十八時と一日四回に分けてまきます

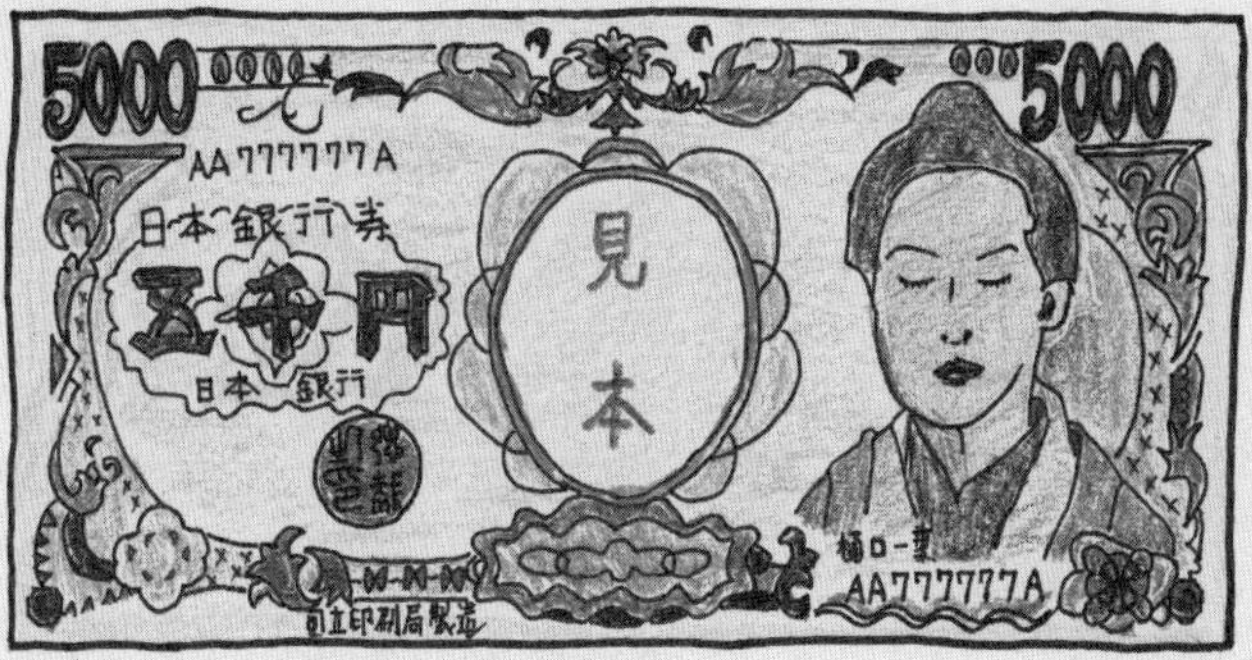
5000
5000
AA777777A
日本銀行券
五千円
日本銀行
見本
樋口一葉
AA777777A
国立印刷局製造

ので、皆様、ぜひふるってご参加ください。餅は、地上の特設会場にて、餅つきをして配ります。杵《きね》が千本と臼を千基、用意しました。東洋一の餅つき大会を敢行します。餅つき大会用にオリジナルソングを公募します。五千円札が舞うなか、うたをうたいながら餅をつきまくるのです。

開店は三月十日。開店のテープカットには、ダグラス・マッカーサー元帥のご子孫が、B-29に乗って、サイパン島より駆け付けてくださることになりました。在日アメリカ大使館、在日アメリカ軍、アメリカ国務省、並びに外務省、航空自衛隊、内閣府、東京都の多大なる協力を得ることができました。B-29が東京の空を飛ぶのは、一九四五年以来、初になります。これは、戦争の惨劇を克服し、お互いが理解しあえる、許しあえる、という究極の事例を世界に示すことができるためと考えています。当日、B-29は、ビル上空で、祝開店のチラシを投下します。株式会社シン・ショテン側からは、ドン・キホーテで購入した最新鋭のドローンを飛ばして出迎えます。尚《なお》、ダグラス・マッカーサー元帥のご子孫には、ビル内の高級ホテルのスイートルーム（一泊八百万円）に宿泊していただきます。

定期的にチャリティーオークションを開催します。第一回のオークションには、神保町の古書店の協力のもと、以下の本の出品が決まりました。価格は最低落札になります。『百万塔陀羅尼《だらに》』六百万円、藤原定家自筆『明月記』二億円、『駿牛《すんぎゅう》図巻断簡』一億円、天文版『論語』千五百万円、慶長古活字版『日本書紀』二冊千二百万円、雑誌「マヴォ」七冊揃一千万円、東方社「FRONT」十冊揃五百万円、荒木経惟《のぶよし》『ゼロックス写真帖』二十五冊揃一千万円。このオークションの売上の二割を寄付し、残りのお金は神保町の古書店に支払います。このイベントを今後の起爆剤にしていきたいです。開店当初は、混雑が予想されます。稼働するエレベーターも限りがあるため、整理券を当日朝七時より配布させていただきます。

このように株式会社シン・ショテンは様々な要素をはらんでいますが、基本的には、日本一高いビルから本が循環し、発電も行い、それが様々な復興の資金や寄付につながる、を主眼とします。ひいては「私達は困難を必ず乗り越えることができる」というメッセージを書店が内包し、書店を訪れる人々、ビルを見る人々とそれを共有することを目指します。このことは、現代に即した書店の新しいあり方を模索していくことでもあると考えています。

これにて、私の妄想文は、一旦《いったん》締めといたします。

山形との関わり

実現した企画、そのままになっている企画。人と会っては、自分に回ってきた仕事をかたちにしていくのが性にあっていることがわかってきました。山形ビエンナーレを担当することになったのも、もとはと言えば、人との出会いからでした。

文庫『荒野の古本屋』でも書きましたが、あらためて、自分と山形の関わりを振り返ろうと思います。『荒野の古本屋』に出てくる、二十代のころに知り合った徳島の大西さんがすでに指摘していたように、山形から見た東京の特殊なイメージが、その後の自分にずっと影響を及ぼしてきたと思うのです。

私は一九七四年に山形県の寒河江《さがえ》市という場所に生まれました。山形と東京は、現在、新幹線で二時間四十分ほどですが、保育園の年長だったころは、まだ東北新幹線が開業する前で、一日がかりの旅路だったことを覚えています。当時の時刻表を調べてみると、山形から東京までは「特急つばさ」でおよそ五時間。ベージュ地に赤のラインが入った車両が上野行きの表示で走っていました。東京は遠い街でしたが、自分にとって、どこか近しい面がありました。それは祖母が話す戦時中の東京体験談を繰り返し聞いていたことによります。戦時中の祖母は、狛江《こまえ》の軍需工場で航空機の部品をつくっていました。小田急線の梅ヶ丘の寮に住んで、休日に吉祥寺《きちじょうじ》の井の頭公園に行ったこと。逓信《ていしん》省の仕事に転じてからは青山や麻布に通ったこと。銀座や京橋に出張したこと。空襲の中を逃げ惑い、目の前に焼夷弾《しょういだん》が落ちたときは死んだと思ったこと。焦土の新宿駅で、やっとの思いで切符を求め、汽車の連結部分に乗って帰ってきたこと。小学生の頃の私は、祖母の話に出てきた東京の地名を地図で探しては、ここが銀座なのか、ここが新宿なのか、と思ったりしていました。近代建築の写真を見ては、祖母はこんな建物で働いていたのかとも思っていました。驚くことに、こんな大変な経験をしたのに、祖母は、あのとき東京に行って良かったと話します。祖母は現在九十三歳です。

もしかしたら、この記憶のせいなのではないかと思うのです。考えてみれば、私は、ずっとこれまでのあいだ、所謂《いわゆる》、近代建築のなかで仕事をしてきました。最初に就職した一誠堂書店は昭和六年（一九三一）築。その後独立して森岡書店を開業した茅場町のビルは昭和二年築。銀座に移って入居した鈴木ビルは昭和四年築。現代でもなければ過去でもないような、東京でもなければ異国でもないような。そのような雰囲気がこれらの建築の特徴でしょう。相続税や耐震、メンテナンスなどの問題もあって、この時代の建築を残していくのは大変なことだと思います。事実、取り壊される建築が多いのも確かなことです。まずもって空襲もありましたし、その後の再開発もありました。建築を残すにはふさわしくない条件ばかり。しかし見方を変えれば、確実に点在はしているのです。思いつくままに二十三区内にある主な建物をカウントしてみても七十七棟くらいはあります。それを一箇所にあつめたら、一九三〇年代の東京の風景が蘇るのではないかと思うことさえあります。前にも書きましたが、このような物件が賃貸で出てはいまいか、とくに借りるわけでもないのに、折に触れて物件情報を検索していています。そこからイメージが広がり、そこで新しい書店をはじめたり、スタジオに向いているのではないかなど、何かをやってしまおうかという体験の頻度があがります。

中学校の修学旅行でも東京に行きました。そのときは東北新幹線が上野まで開通していました。たまに、修学旅行中の制服姿の生徒を見かけることがありますが、私も三十数年前はそのなかの一員でした。私の通っていた中学は、ちょっと変わっていて、行く先々で合唱を披露する恒例行事がありました。皇居前広場でも整列して大きな声で歌いました。生徒数はおよそ二百人。それなりに迫力があります。曲目に選ばれたのはなぜか「モルダウの流れ」。どんな歌詞だったのか忘れてしまったので、調べてみました。すると、皇居前とはまったく関連しない内容ということが、あらためてわかりました。外国人観光客がブラボーといいながら拍手をしてくれたことをよく覚えています。

そうだ、もう一度、あのときのように歌ってみよう。そう思い立って、二〇二二年六月二十四日の午後、皇居前広場に立った私は、一人、口をあけて歌ってみました。何か感慨深いものはないだろうか、込み上げてくるものがあるかもしれない、と思っていましたが……。一つ、思い出したことがありました。あのとき、私は、日比谷方面の光景をスケッチしたはず。当時、それが帝国ホテルとは知りませんでしたが、帝国ホテルの建築を描いたはず。あのスケッチはどこかに残っているのだろうか……。あらためて日比谷の方角を見た私は、三十数年前の日比谷の光景が眼前に蘇ってきたように感じられました。もちろんそれは幻想にちがいないのですが、このような身体経験が身に起こったとき、それが、この後起きる何事かにつながっている場合がこれまでにもありました。この体験はきっと何かに結びつくのだろうという予感がふつふつと湧き上がってきました。私は、近々、帝国ホテルに宿泊する必要がある。おそらく三泊や四泊ではダメだ。長期滞在する必要がある。完全な思い込みですが、一九八八年に描いたスケッチのなかに入っていくように、一九八八年の日比谷に向かっていくように、そこに突入していかなければ何もはじまりません。きっとそこには何かがあると信じて。調べてみると、往年の作詞家の岩谷時子さんが、ほぼ十五年、帝国ホテルに住んでいたようです。そんなに長く、と思いつつも、私もそれくらい宿泊したいとも思いました。そのための予算の確保も視野に入れなくては。けっこうまとまったお金も必要になってきますが、前述したように、見えないお金ならたくさんあるのです。

ちなみに、山形でふだん口にしていた、「んだ」とか「んね」という言葉は、私は東京では使いません。「んだ」は「はい」、「んね」は「いいえ」という意味。今でも山形に帰省したときは言います。故郷の方言を使わないと、大阪出身の人の場合「東京に魂売った」と言うときがありますが、もしかしたら、それに近いものがあるかもしれません。「大阪を捨てた」と言うときもあると思いますが、そこまで踏み込んだ表現にはならないように思います。東京に住みはじめたばかりのころは、相槌《あいづち》をうつのに思わず、「んだ」と言ってしまうことがありましたが、そんなときは、直後に「からね」を付けて、「んー、だからね」と誤魔化したりしたこともありました。ロシア語では、「はい」を「ダー」、「いいえ」を「ニェット」、と言うそうです。山形の方言と似ています。太古に何か関係があったのかもしれない、と考えたくなりますが、真相はどうなのでしょうか。

話をもどしまして、山形ビエンナーレに参加するきっかけになったのは、画家の平《ひら》澤《さわ》まりこさんがプロデュースした企画の一つ「寒河江ツアー」を担当したことによります。平澤まりこさんとは、平澤さんの著書『ギャラリーへ行く日』（ピエ・ブックス）で茅場町時代の森岡書店を紹介してくだったことがきっかけで知り合いました。黒川《くろかわ》紀章《きしょう》設計のメタボリズム建築の代表作である寒河江市役所や、古刹の慈恩寺《じおんじ》をめぐるバスツアーを行い、私は、バスガイドをしました。「みなさま、正面に見えてきましたのが、自分が子供のころ、よく遊んでいた寒河江市役所です。そのときは、すこし変わった建物だなというくらいの認識しかありませんでした」というように。

東京・荻窪《おぎくぼ》のブックカフェ「6次元」のナカムラクニオさんが企画した山形県立図書館での本を介してのイベントにも参加しました。ナカムラさんは二〇一一年に私が『写真集』(平凡社)を出版した際に「6次元」にて出版記念イベントを開催してくださりました。山形県立図書館のイベントでは、閉架書庫に収蔵されている山形新聞のなかから、これまた黒川紀章が設計しメタボリズム建築の代表作である「山形ハワイドリームランド」の開業を伝える紙面を四人の市民と一緒に探しました。ときは昭和四十二年(一九六七)。黒川紀章が、山形市に総合レジャー施設として建設したのが、「山形ハワイドリームランド」でした。この「山形ハワイドリームランド」、なぜか、屋根がありませんでした。雪国にあって屋根がないということは、冬季の売上が見込めないのが、誰の目にも明らかなはずです。事実、数年で跡形もなくなりました。私は新聞を探しながら、こう思っていました。「このような計画に、誰がお金を出したというのだろう」と。

それから半年くらい経った頃でしたでしょうか。まだ第一回の山形ビエンナーレがはじまる前。私は、山形市にある東北芸術工科大学の学食でカレーライスを食べてい

ました。すると向こうから、当時は同大学教授の宮本武典《みやもとたけのり》さんが歩いてきて、近くのテーブルに着席しようとしました。宮本さんとは、おそらく、何かの展覧会会場で会って以来。私は、「宮本さんご無沙汰しております」などと言って近づいていきました。ところが宮本さんはこう言いました。「会ったことないと思います」。私は、「えっ」となりました。「最上川と寒河江川の合流地点が山形盆地の基軸としてパワースポットになっている」、という話を宮本さんとした記憶がのこっていたのですが……。でも、あらためて確認してみると、どうやらそれは私の幻のようでした。或いは、夢で見たことなのか。実は、これが宮本さんとの最初の出会いでした。このときの出会いを経て、私は山形ビエンナーレをはじめ、森岡書店での出版記念展や、文化庁のプロジェクトなど、数々の企画を宮本さんと一緒に行っていくことにもなりました。宮本さんは、現在は、東京藝術大学の准教授に転じています。

宮本さんと行った企画のなかでも、二〇一八年の山形ビエンナーレの「畏敬と工芸」は忘れられないプロジェクトになりました。山形ビエンナーレは、東日本大震災後の東北地方でどのような芸術が可能かをテーマの一つにしていました。津波で破壊された太平洋沿岸部や、放射能で汚染された福島第一原子力発電所の周囲と山形では状況が違いますが、どこか近しい言葉（方言）を共有する地域に起こった災害として切実さがありました。

　私は、このテーマを受けて、工芸のなかにかたちや模様となって潜んでいるかもしれない、自然への畏れや、神々への敬いのかたちを探るプロジェクトを宮本さんと立ち上げました。市民の有志と一緒に、会合を重ねて、それぞれの見解を持ち寄り、山形ビエンナーレで可視化を試みました。

　例えば、背守り。背守りは、子供の和服の背に縫い付けられたお守りです。大人のそれと違い、子供の和服の背には縫い目がありません。そのため、邪気が侵入し、禍《わざわい》や病気になると考えた人々が、それを防ぐために、文様を刺繍《ししゅう》することで封じようと願いました。これが、福島第一原子力発電所爆発事故のあと放射能から子供のからだを守るため移住を決めた人々の気持ちとどこか重なって見えました。

　例えば、蛇の目。日本人は盃《さかずき》を交わすとき、多くの場合、知らず知らずのうちに、蛇の目を介在させます。徳利やお猪口《ちょこ》に、なぜか蛇の目が文様として描かれているのです。これをどう考えれば良いのか。もしかしたら、蛇という存在が、今より神聖なもの、自然への畏れのかたちであった時代が確実にあって、それが文様として残っているのではないだろうか。あくまで仮説ですが、そんなふうには解釈できないかと。

蛇の目が描かれている理由を自分たちなりに考えることに意味を感じました。「畏敬と工芸」では、各市民の見解を、まず新聞という形式でまとめました。その際に、宮本さんが、私にこう言いました。「文章によせるイラストを描いてください」。私がお客様に描きつづけてきた「似顔絵」が宮本さんの脳裏にあったのだと思います。これがイラストを描くという最初の依頼仕事になりました。

ちなみに、後日、「山形ハワイドリームランド」の謎が解けました。森岡書店で『なぜ戦争をえがくのか』（みずき書林）展を、西荻窪の今野《こんの》書店と共催した際、ウェブサイト「nippon.com」で、三宅玲子さんによる今野書店に関する以下の記事を読んでいたら、ことの顚末《てんまつ》が書いてあったのです。

振り出しは1968年、東京・上野稲荷町だ。
今野さんの祖父は山形県鶴岡市で初の日産自動車のディーラーを始めた実業家。鶴岡から定期的に日産本社の社長や取引先を訪ねる東京の拠点として事務所を構えた。敷地は170坪もあった。
父は学生結婚をすると、さまざまな仕事を経て、今野さんが7歳のときに敷地の一角で7坪の書店を開いた。ところが、5年後に祖父の出資したレジャー施設『山形ハワイドリームランド』が失敗。事業が行き詰まり、一家は上野の土地を売って、西荻窪に引っ越した。

今野書店のバックボーンが私と同じ山形にあり、且つ、「山形ハワイドリームランド」への出資で転機を迎えていたとは。

そしてそのことを『なぜ戦争をえがくのか』の編集者の岡田林太郎さんに伝えると、驚くべきことに、岡田さんはかつて、『黒川紀章著作集』（勉誠出版）の担当編集者であったことがあり、黒川紀章は、以下のように述べていたと言うのです。

「私は戦後の焼け野原を知っている。だから建築が残るとはまったく信じていない。建築はいずれ消える。ただ思想は残る」

調べてみると、黒川紀章は、自身の見た戦争の一端を、「NHK戦争証言アーカイブス」に残していました。昭和二十年（一九四五）当時、黒川紀章は十歳で、愛知県蟹江町《かにえちょう》に疎開していました。しかし、そこはB－29の通り道の下でした。そのため、水田のあぜ道などに、高さ一メーターほどの大量の光るジュラルミン（アルミニウム合金のけずりくず）を置いた偽装工作がしてあったというのです。つまり（標的の）名古屋などの大都市の前に、間違えて、この水田地帯に爆弾や焼夷弾を落とすように誘導する作戦として。黒川紀章は、せっかく疎開した先がターゲットだったことが恐ろしかったと述べています。

「建築はいずれ消える。ただ思想は残る」と話した際の思想とは、おそらく、メタボリズムでしょう。その代表作となった「山形ハワイドリームランド」のせいで西荻窪に移転したのが今野書店。先々代の方は山形生まれだから、間違いなく、雪が積もることを知っていました。冬に営業できなくなることもわかっていました。それにも拘らず、若き黒川紀章のメタボリズムにすべてを託したという事実。そしてまだ見ぬ建築から具体的なイメージが広がった。今野書店の先々代は、私と似ているところがあります。

鈴木ビルについて

森岡書店が入居している鈴木ビルは東京都選定歴史的建造物ということもあり、ときおり、鈴木ビルを見学に来る方々がいます。玄関前にはビルの由来が書いてあるプレートが貼ってあり、それによると、昭和四年（一九二九）に新定蔵の設計で竣工したとあります。しかし、実は新定蔵は間違いで、正しくは山中節治《やまなかせつじ》が設計しています。なぜ、誤ったのかについては、ブログ「関根要太郎研究室@はこだて」に詳しい説明があり、自分もこのブログを読んで、プレートの誤記の真相を知ることができました。要は参照した雑誌資料に誤りがあったからのようです。このサイトでは日本中の近代建築を撮影・調査していて、自分もときおり拝読しています。関根要太郎《せきねようたろう》は山中節治の実兄で、兄弟で設計した建築が函館にいくつか現存していること、なかには評論家の亀井勝一郎《かめいかついちろう》の実家もあることが記されています。

鈴木ビルには当初、歌舞伎の稽古場をかねた劇場がありました。そういわれると、確かに、外壁の一部は歌舞伎の衣装の市松文様のようにも見えてきます。ちょうど森岡書店の玄関の真上にある構造体です。鈴木ビルの大家さんからは、いまでも内部には劇場跡が残っていると聞いていました。

それにしても、鈴木ビルを設計した山中節治は、一般的にほとんど知られていない建築家です。どんな人物だったのでしょうか。鈴木ビルのプレートの解説にさえ名前が記されていないのだから、見方によっては、幻の建築家と言っても良いでしょう。竣工当時の写真を見ると、外壁には時計があります。周囲には高い建物がなかったから、九階建ての鈴木ビルは遠くからでも見えたはず。もしかしたら、例えば十二時になれば、十二回チャイムが鳴っていたかもしれません。そう考えると、ビル自体がどこか置き時計のようなかたちにも見えてきます。現在、ビルの裏側は首都高速が通っていますが、かつては、築地《つきじ》川という川でした。鈴木ビルの半地下部分は川からの荷揚げの部屋だったそうです。ビルに船を横付けさせて舞台で使う大きな道具などを搬入していた光景が目に浮かびます。『荒野の古本屋』でも書きましたが、かつて集めていた日本工房の出版物をはじめとする日本のプロパガンダ誌の展覧会を一日かぎりで行ったのもこの荷揚げの部屋を借りてのことでした。

山中節治は、一冊だけ著書をのこしています。大正十四年（一九二五）十一月十五日刊行の『建築図案 文化生活と其の住宅』（帝国建築協会）。この本は、現在、国立国会図書館のデジタルコレクションで、例えば、「山中節治」と検索すれば、容易に画面上で閲覧することができます。私の手元には、やはり原本があった方がいいということで、金沢の古書店から購入した刊本があります。ちなみに送料込みで九千五百二十円でした。この本の序文を、考現学を提唱した今和次郎《こんわじろう》と、早稲田大学の大隈《おおくま》講堂を設計したことで知られる佐藤功一《さとうこういち》が書いていて、山中節治の人物像の一端を知ることができます。

今和次郎は以下のように書いています。

山中君はすらすらと片つぱしから仕事をかたつけ行く方々の懸賞には大抵賞にあたる。うらやましい程の才能をもつてゐる人である。君の生れたところは秩父の三峯山の奥の山奥の静かな村である。君のエネルギーのよく続くのは幼いとき育つた土地のゆつたりしたところなるがせいであらうが、どうしてあんな山奥から君のやうな美を司る才能の豊かな人が生れたか不思議なことである。君の性格は包容力に富んでゐて誰にも腹の底がわからないゆつたりとした落付をもつてゐる君のデザインはまた君の性格のやうにいやみのないふくらみのあるものである。早稲田のクラスでもいつもリーダーとして皆んなをひつぱつて行つてくれたのであつた。

この君の本は充分美しい本として皆んなにすゝめるのに躊躇がいらない。間取りも外観も美しい器用の絶頂である花を愛でる心で生活や家を美しくしたいと希ふ人達に第一におすゝめするのに好適の本である。而して又日本人の本だとして示すことの出来る特有の味をもつた本でもある。(原文ママ)

今和次郎は「考現学」の調査を銀座でも行っていましたし、このように山中節治の著書の序文を書いてもいるので、きっと鈴木ビルを訪れていたと推察できます。調べてみると、鈴木ビルの竣工と同じ年の昭和四年十二月に今和次郎は『新版 大東京案内』を上梓《じょうし》していました。タイトル通りの内容で、関東大震災後から戦災でまた壊滅する前までの東京のデパートやアパート、カフェ、トーキー(映画)などを紹介しています。もしかしたら鈴木ビルの記述があるかもしれない、と思ってページを開いてみると、教文館や伊東屋はありましたが、鈴木ビルは見あたりませんでした。

東京
帝國建築協會發行

一方の佐藤功一は以下のように書いています。

山中節治君は本来芸術的天分の豊かな人で、建築図案家として既に当評がある。加ふるに近来早稲田大学工学部建築学教室に於て撰科生として高等の学術を修められた若し此上更に幾多の実例に依て益々練磨せられたなら、必ず有数の建築家たり得る人である。そういふよりも寧ろ有望なる若手の建築家といふ方が適当であるかも知れぬ。

『ヘレニック』希臘の彫刻を見て後に『アルカイック』希臘の彫刻を見ると、後者に対しては作者のセンチメントの不足と技巧の洗練の不充分といふような概念が浮ぶ。乍然なほ仔細に見つめて居ると其所には『ヘレニック』の彫刻とは全く別個の感激と法則と手練とが存する事を発見する。そしてそれから大まかではあるが厳かで強い力と親しい言葉で呼びかけたいやうな愛の表現を感受する。

山中君の作品は此の『アルカイック』彫刻の行き方だ。

住宅の壁体の木柱を表はした外観などは普通繊細に優しく取扱はれがちのもの

である然るに山中君の手にかゝると。これがずつと力強くしかも潤ひを持つたものとなる。
此の強くして潤ひのあるといふ事は蓋し山中君の芸術の持味《モチアヂ》といつてよいであらう。（原文ママ）

ここで注目すべきは、佐藤功一が、山中節治の木柱を、「ずつと力強くしかも潤ひを持つたものとなる」と評していることです。鈴木ビルの外観の特徴になっている玄関の二本の柱には、オリジナルの装飾豊かなテラコッタがはめ込まれていて、同じ特性をもっていると見てとれます。

鈴木ビルの外観のもう一つの特徴は、スクラッチタイルを使用していることです。スクラッチタイルのスクラッチとは英語で、ひっかくという意味で、文字通り、ひっかいたような線がタイルに入っています。何本入っているかカウントしてみたところ、一個のタイルに、三十五本入っていました。なぜスクラッチタイルを山中節治は鈴木ビルの外壁に採用したのか。完全な私の思い込みではありますが、もしかしたら、以下のような事情があったのかもしれません。

日本におけるスクラッチタイルの普及は、フランク・ロイド・ライトに契機がありました。もちろん、ライトは帝国ホテルの建設のために来日しましたが、その背景には、一筋縄ではいかない出来事がありました。ライトは、一九一一年から、アメリカ・ミシガン湖の西に位置するウィスコンシン州スプリング・グリーンに、愛人関係にあった女性との住居兼スタジオであるタリアセンを建てはじめました。しかし、ほどなくして、使用人がその建物に放火し、さらに二人の子供と弟子達の計七人を斧《おの》で殺害してしまうのです。帝国ホテルの設計の依頼があったのは一九一三年頃。太平洋を渡ったライトの心境はどのようなものだったのか。

帝国ホテルの外壁の素材としてライトが所望したのは、大谷石《おおやいし》とスクラッチタイルでした。スクラッチタイルを製造するため、愛知県常滑市《とこなめ》に「帝国ホテル煉瓦《れんが》製作所」という工場が設立され、伊奈初之丞《いなはつのじょう》と長三郎《ちょうざぶろう》親子が技術指導にあたりました。そこでは、職人たちの試行錯誤のかいもあり、煉瓦四百万個が完成したといいます。それにしても四百万個というのはすごい数字です。その後、「帝国ホテル煉瓦製作所」は、伊奈製陶（現LIXIL）に引き継がれました。

帝国ホテルの建造にかかる費用は当初の予算よりも増大し、工期も延びに延びました。次第にライトと帝国ホテル側とのあいだに軋轢《あつれき》が生じていったようです。大正十二年（一九二三）九月一日の竣工式のとき、ライトはすでに日本を離れていて、出席することはありませんでした。日比谷の帝国ホテルでは盛大な宴会の準備が進められていたことでしょう。ところが、この日、偶然にも関東大震災が発生します。周囲の建物は倒壊したものも多く、その後の火災で甚大な被害を受けました。しかしライトが設計した帝国ホテルはほとんど無傷で軽微な損傷のみ。もし私が、そのときの日比谷にいたならこう思ったでしょう。「やっぱりライトだよね」。そして、もしかしたら、山中節治もそう思った一人だったのではないでしょうか。鈴木ビルが竣工したのは、関東大震災の六年後。梁《はり》の太さ、壁の厚さを見ても、次の関東大震災に耐えるように設計したことは明らかです。スクラッチタイルを外壁に採用した背景には、関東大震災に耐えて、延焼もまぬがれた帝国ホテルの影響があったと見ても不思議ではありません。

そもそも大家である鈴木さんのご先祖はなぜ山中節治に新しいビルの設計を託したのでしょうか。『建築図案 文化生活と其の住宅』にあるように、山中節治は住宅を得意とした建築家でした。山中節治は明治二十八年（一八九五）生まれなので、鈴木ビルを設計したとき三十四歳。彼は、その後の仕事のあり方を示すような意気込みで鈴木ビルを設計したのではないでしょうか。ビルが今日まで健在であることだけを考えても、持てる力のすべてを投入したと言えます。鈴木さんのご先祖が、どのような経緯で山中節治と知り合ったかはわかりませんが、彼は、その期待に充分に応えた。昭和四年（一九二九）のある日、鈴木ビルの竣工式に参加した関係者は誇らしかったことでしょう。そして、おそらく鈴木さんのご先祖はこう思っていた。「山中さんに依頼して本当に良かった」と。

今和次郎の『新版 大東京案内』のなかに鈴木ビルの記載はありませんでしたが、関東大震災から復興していく様相をうかがい知ることができる文章がありました。

もはやあれから七年を経過したではないか。あの大震火災で、大部分の旧東京は失はれてしまつた。当時の回顧事は余りに接近してゐるから誰にも生々しいのであるが、実際あのときは、建物は無論の事、経済も、交通も、通信も全滅のかたちだつた。見渡すかぎり荒寥《こうりょう》たる焼野ヶ原の拡《ひろが》りと化してしまつたのである。その上、惨死人の山をまのあたり見たのである。で、また再び東京が出来るものかどうかも疑はれて、絶望の声が発せられ、遷都説、帝都移転説すら唱へられる程だつたのだ。都落ちだ！　商人も、芸術家も、その他その他も……。全国いな全世界に東京全滅の大惨事が報ぜられる。それが全同胞を鋭く動かした。国内に於ては、国難来の飛報として高くかなしくひゞいたのだ。だがそれに応じて、期せずして全国からの涙と肉が、焼野の上へ、東京への救援としてバラ〳〵と降りそゝがれたのだ。めざましい限りである。莫大な予算が通る。官員、技師、請負者、職工達は焼野を舞台として働く。（原文ママ）

その後、鈴木ビルには昭和十四年（一九三九）から日本工房の後身である国際報道工藝が入居し、主宰する名取洋之助のもと、亀倉雄策らが集い、「ＮＩＰＰＯＮ」をはじめとする雑誌を出版していくわけですが、実は、もう一軒、鈴木ビルには戦前のある時期、文進堂書店という書店が入っていました。本の小売りをしていたのか、本の出版をしていたのかすら、まったくもって不明の謎の書店。もしかしたら、出版社だった場合、国会図書館のサイトで「文進堂書店」と検索すれば、刊行した書籍が収蔵されているのがわかるのではないかと思い検索してみました。すると、「文進堂書店」という版元が、ちょうど昭和九年（一九三四）ごろに、数学などの学習参考書等を出版していました。しかし奥付を見ると出版社の所在地は大阪市。文進堂書店の謎は深まりますが、いずれにしても、鈴木ビルは本に縁が深いということでしょう。ちなみに、『名取洋之助と日本工房［1931－45］』（岩波書店）に掲載された昭和十六年（一九四一）末の鈴木ビルの写真を見ると、現在森岡書店がある場所には、イスヾ自動車部品などを取扱品目にかかげる共立商会が入っていました。

鈴木ビルに入居してから半年ほどが経ったころ、なんと、先述の劇場跡のフロアが賃貸物件として出るという情報が入ってきました。おそらく家賃はけっこう高いだろうと思って訊いてみると、やはり、「月五十五万円」。でもとにかく、内見の申し込みをするのに迷いはありませんでした。業者に連れられて三階の重い扉を開くと、すでに内装はスケルトンになっていて、天井高は七メートル、桟敷席のあった場所が中二階のようになっていました。大きな窓には昭和初期から変わらないサッシがあり、目の前に遮る建造物がないため、日の光が窓のかたちになって室内に注いでいます。いまここを借りないでどこを借りるというのでしょうか。私は借りることを即決しました。迷いはありませんでした。この場所なら、普段店内で行っているトークイベントに加えて、音楽のライブや映画の上映会も可能です。しかし、あらためて家賃を確認して、はっ、と我に返りました。私にとって月五十五万円は高額です。月五十五万円の家賃が追加で発生するのはきびしい。しかしこの空間の希少性なら、妥当どころか、むしろ安いくらいでしょう。こうなったからには、どうやって月五十五万円を新たに捻出するかを考えはじめました。

レンタルスタジオとして運営すれば、おそらくこの空間を撮影場所として使用したい人は確実にいるだろう。月五十五万円の支払いが可能になる収支構造とは……。一時間一万六千五百円の三時間単位からとすると一日四万五千円の利益となります。一か月で十二回撮影が入ってくれたら、ほぼ支払いが可能になりそう。内装に関しても、ペンキを塗って、鏡を用意して、大きな造作は必要なく初期費用も安くすみそう。よし！　この案でいってみよう、となりましたが、一方で、いや待て、そんな簡単に撮影の依頼が入るだろうか、毎月五十五万円の家賃を支払うのは大変なはず、と考える自分もいました。逡巡《しゅんじゅん》すること数日。その間、私の友人からもここを仕事部屋に使用したいという申し出もありました。劇場跡はやはり私にとっては高額な家賃でした。結局、某芸能プロダクションがオーディションや演技の稽古などの場所として使用することに決まりました。

その後しばらくすると、某芸能プロダクションの方と鈴木ビル内で会う機会がありました。私は、「稽古やオーディションで使用していないときは、森岡書店が使わせてもらうことはできませんか。もちろん使用料はお支払いします」と言いました。すると「いいですよ」という返事。鈴木さんも同意してくださり、以降、トークイベントや音楽のライブを幾度も開催していくことになりました。収容人数は最大八十名ほど。森岡書店にとっては、なくてはならない空間になっていました。しかしコロナ禍に突入すると、柔軟に考え方を変えた某芸能プロダクションは、引っ越しを決断。それに伴い、森岡書店が劇場跡でイベントを行うことはもうなくなりました。この劇場跡でどんなイベントを行っていたか、ひとつだけ例をあげるなら、写真家であり、現代美術作家でもある杉本博司《すぎもとひろし》さんに「なぜ太平洋戦争がはじまって、なぜ太平洋戦争で負けたか」を訊く会でしょう。現在は、建築家の高山《たかやま》まさきさんが主宰するエトルデザインがこの部屋に入居し、ここから素晴らしい建築の数々を日本中に実現しています。

銀座をあるいて考えた

ときどき、「どのような規準で本を選んでいますか」と訊かれることがあります。最初は「自分が好きと思える本です」などと答えていましたが、運営していくうちに徐々に考え方が変わっていきました。年間五十冊前後の本のイベントを行っていますが、そのすべてを私が依頼しているわけではありません。むしろ、企画をいただくことの方が多いかもしれません。手紙、電話、メール、ライン、インスタグラムやツイッター（現X）のダイレクトメッセージ、フェイスブックのメッセンジャー、スラック、ウィーチャットなど、お話をいただくかたちもさまざま。そこから一冊の本を売る展覧会の「打ち合わせ」に進んでいきます。このような状況を考えると、「本を選ぶ」というよりは、「本に選ばれている」という感覚の方が強くなってきます。路上で知人にばったりあったときや、飲み会の席とかで企画の話がどんどん進んでいくこともあります。東京の地場産業ともいえる出版に支えられてこれまで続けることができました。

ある企画で書店運営の取材をしてもらったとき、この点に話が及び、「ではどうやったら本に選ばれるのか」という流れになりました。確かに、そこには大切なポイントがありそうです。そのときは『荒野の古本屋』に出てくる松村書店の松村さんの名言に注目し、「小学校の体育館に貼ってあるような、『まじめさ、素直さ、朗らかさ』などという言葉」が人間社会では大切で、それが仕事の上でも役に立っているのではないかと確認しました。或いは「一冊の本を売る書店」というコンセプトに多くの方が賛同してくださったとも述べました。しかし後日、よく考えてみると、この回答は、取材を受ける状況下で、できるだけ自分を良く見せようという意識が頭をもたげていたと言わざるを得ません。やっぱり鈴木ビルの影響は大きいです。なにせ自分自身が、ここでがんばってみようとやる気になった場所。同じように思ってくれる方がいても不思議ではありません。

では鈴木ビルの何が人をやる気にさせるのか。鈴木ビルは前にも書いたように、建築家の山中節治が総力をあげて設計した建築です。戦前期には、日本工房の後身の国際報道工藝が入居し、デザインや写真に優れた出版物を制作していた歴史もあります。

戦時中は周囲が焼け野原になったにもかかわらず、ここは幸運にも戦災をまぬがれました。このような遺産を受け継ぐかたちで弊店がある。つまり、鈴木ビルの背後にある時間と体験の積み重なりが、「本に選ばれている」ということのアンサーなのではないでしょうか。つながりが生まれ、新しい変化が起こる予感がします。

銀座についてもすこし考えたいと思います。森岡書店の住所は、東京都中央区銀座一丁目二十八－十五　鈴木ビル一階ですが、かつては木挽町《こびきちょう》と呼ばれた地区でした。今でも、いわゆる銀座の華やかなイメージとはまた違う、落ち着いた雰囲気があります。銀座の中心部からやや離れていて、普段の通勤では地下鉄・銀座線か丸ノ内線の銀座駅で降りますが、銀座四丁目にある駅から銀座一丁目の鈴木ビルまで、およそ徒歩十五分の道のりを歩いています。銀座に移転してから、九年ほどが経とうとしていますが、いったい銀座駅から鈴木ビルまで、これまで何往復したというのでしょうか。一年に二百日出勤したとしても、すでに千八百回は往復しているということになります。千八百回往復というのはけっこうな数字です。また近年は資生堂の「花椿《はなつばき》」で仕事をさせてもらっているので、資生堂本社のある銀座七丁目や、資生堂ギャラリーや資生堂パーラーのある銀座八丁目まで歩いたり、自転車で向かったりする機会も増えました。

このように、銀座四丁目の銀座駅と銀座一丁目の鈴木ビルを約千六百回以上往復する体験と、銀座のまちなかをたくさん歩くという体験を通して、私は銀座に対して、次のようなイメージを持つようになりました。すなわち、銀座は明治時代に完成したスマートフォンであるということを。

ちょっと煙に巻くような言い方かもしれませんが、銀座とスマートフォンの共通点を、以下のように考えてみてはどうでしょうか。

第一に光。銀座にガス灯が灯ったのは、一八七四年でした。暗い夜の街がガス灯の灯《あかり》に照らされるようになった。つまり銀座の街は明治時代に発光しはじめたということになります。もちろんスマートフォンも使用中は発光しています。

第二に時計。銀座のシンボルといえば和光ですが、和光には時計塔があります。その他にも、現在の銀座二丁目交差点角にはかつて京屋という時計店があり、その塔にも時計が備わっていましたし、現在の銀座五丁目の東急プラザの場所には、かつてマツダビルディングが建っていましたが、このビルにも時計塔を思わせる構造物がありました。銀座の街を歩けば時刻がわかった。もちろんスマートフォンにも時計機能があります。

第三に情報。スマートフォンを使って検索することが多々ありますが、明治時代の銀座には、朝日新聞社や読売新聞社をはじめ多くの新聞社が集結していました。また出版社も点在していて、情報の一大集積地となっていました。そもそも銀座の通りは碁盤の目になっています。つまりネットになっているというわけで、ネットのいたるところに情報が集積していたと見てとれます。

第四にチャット機能。銀座にはいち早く、カフェやビアホール、バーが出現しました。そこでは人々が会話を交わしていた。ときには隣に座った、見ず知らずの人と意気投合することもあったかもしれません。このような意味でチャット機能が市中にあったと考えられます。

補足で映画館。これは明治時代からあるわけではなく、場所としても銀座が本邦初ということではないようですが、かつて映画は街で観《み》るものでした。とくに銀座には隣接する有楽町や日比谷も含めて、映画館がたくさんあります。つまり動画を観る機能は街の一角にあったと考えることができます。

ちなみに、やや話はずれますが、確か一九九四年頃、銀座のシネスイッチで「ニュー・シネマ・パラダイス」を観たことがありました。ところが、一九八九年の日本公開時から話題になっていたにもかかわらず、実際に観てみると、そこまでおもしろいとは思えませんでした。この映画を素晴らしいと思えるようになったのは、ずいぶん年をとってから。古本屋として独立して上手《うま》くいかなくなった時期などを経て、再び観てみたらすごく良い映画に思えました。観る者の年齢や経験によって、同じものの見え方が違ってくるとはよく言われることですが、本当にそうだと思ったものです。

いずれにしましても、以上のような理由で、銀座は明治時代に完成したスマートフォンであるというビジョンが見えてきました。またそう考えると、銀座という地名が四十七都道府県に広がっていったことにも頷《うなず》けます。スマートフォンがあっという間に広がっていったのと同じように。

そしておそらく、銀座と同じような性格を有している街のもう一つが京都でしょう。ガス灯の代わりに燭台《しょくだい》があり、時計の代わりに鐘があり、情報は版木になり製本され、そもそも街の構成が碁盤の目になっていて、絵師がビジュアルをつくっていた。銀座が明治時代に完成したスマートフォンなら、京都は平安時代に完成したスマートフォンなのかもしれないと考えています。

銀座についてもう一つ。銀座に来る悦《よろこ》びの一つに洋食があります。その文化を明治二十八年（一八九五）創業から支えてきたのが煉瓦亭《れんがてい》です。例えば、夏目漱石などの文豪も来ていたという言い伝えもあります。だから、変わらぬ味をずっと守ってきたというイメージがありますが、四代目の木田浩一朗さんにお話をお聞きすると、木田さんは、「変化してきたから、続けられた」と言います。では煉瓦亭は何を変えてきたというのでしょうか。

　煉瓦亭のメニューには、明治誕生オムライス、元祖オムライス、元祖ハヤシライス、元祖ポークカツレツというメニューが並びます。元祖とは、もちろん、物事の最初、という意味なので、煉瓦亭が洋食の分野を切り開いてきたことがメニューからも伝わってきます。試しに、明治誕生オムライスを注文してみると、まずＲＥＮＧＡＴＥの文字がデザイン化されたナプキンの上にスプーンが用意されます。私はこのマークが好きです。ＲＥＮＧＡＴＥＩではなく、ＲＥＮＧＡＴＥ。最後のＩがありません。夏目漱石が来ていたころは「れんがてい」と発音していたのかもしれません。

　スプーンでいただく一口目はバターの風味。二口目は卵の香り。三口目は挽《ひ》き肉のしっかりしたお肉の旨味《うまみ》。四口目は、ソテーされたマッシュルームの香りと食感。お米の弾力。また、どのスプーンにも、成熟したトマトケチャップの香りと甘味と酸味が交わります。この日は、一皿、二十五口でいただきました。スプーンが二十五回上下する度に幸せになります。煉瓦亭のインテリアも好きです。機能的なチェストに、イスは秋田木工のウインザーチェア。線が細く、篝火台《かがりびだい》のようなコートかけもあります。

煉瓦亭が変えてきたものについて話を戻しましょう。木田さんは「時代に応じて求められるものを取り入れてきた」と言います。オムライスでいえば、敗戦後、アメリカ兵が銀座に押し寄せたとき、彼らの好む味として、ケチャップを採用したそうです。ケチャップはあとから足されたものなのです。煉瓦亭には柔軟に変わることをよしとする文化があり、時代が変われば味も変えてきました。

では令和の今はどんな洋食がふさわしいのでしょうか。機会があり、ちょっとした提案をしてみました。煉瓦亭では一回行けば一ポイントをもらえ、五十ポイント貯まると、好みの料理をつくってくれるサービスがあります。ついに五十ポイントが貯まった私は、「これまで味わったことのない洋食を味わってみたい」と二つのメニューを考えてみました。

一つは「トチメンボー」。夏目漱石の『吾輩《わがはい》は猫である』を開くと、作中人物の迷亭が、西洋料理店で「トチメンボー」という料理を注文する場面があります。注文を受けたボーイ（作中の表記はボイ）は、それが何のことかわからず「メンチボー」ですかと聞き返します。でも迷亭は「トチメンボー」と言い張ります。迷亭は「トチメンボー」が出て来るまで待つという記述もあり、まったくもって困ったお客さんと言うほかありません。もちろんこれは明治の『吾輩は猫である』のなかの出来事ですが、もし現在の煉瓦亭に迷亭のような人物が現れて、どうしても「トチメンボー」が食べたいと言い出したら、木田さんは何を提供するというのでしょうか。調べてみると、栃麺棒（トチメンボー）という栃麺をのばす棒があり、栃麺とは、「トチノキの実の粉を小麦粉などに混ぜてつくる麺」とのこと。ならば栃麺を用いたスパゲティーというイメージが湧いてくるというものです。もしそれが本当に美味《おい》しくて多くの人々に受け入れてもらえるようなら、元祖トチメンボーがメニューに登場する日が来るかもしれません。

二つ目は、ズバリ、「ライス・サンドウィッチ」。例えば、タマゴサンドや野菜サンド、ハムサンドやカツサンド、フルーツサンドやバターサンド、焼きそばサンドなどと、私たちは、パンに何かをはさんで食べるのが大好きです。そのなかにあって、普段の食卓にはよく登場するけれど、これまであまりサンドウィッチにはなっていないものを考えると、以下のようになるでしょう。タコサンドやイカサンド、カニサンドやホタテサンド、キノコサンド、味噌《みそ》サンド、などなど。そして最も少ないのがライスサンドと言っていいでしょう。「朝食は、ごはん派ですか、パン派ですか」という質問があったりするほど、両者は相容《あいい》れないものとして存在してきました。でも、ライスもパンも美味しいのは間違いのないこと。ならばこの機会に一度味わってみたい。そこには二重の悦びがあるはず。

今回煉瓦亭でつくっていただけるのは一皿のお料理です。「トチメンボー」か「ライス・サンドウィッチ」かどちらかの一択。私は後者をお願いする意志を固めました。そして木田さんに「ライス・サンドウィッチ」をつくってくださいと言いました。すると木田さんは「わかりました」と答えました。こうして煉瓦亭では「ライス・サンドウィッチ」づくりがはじまりました。そしておよそ二週間後、木田さんや料理長の中村匡寿《まさひさ》さんの幾度かの試食を経て、ついに「ライス・サンドウィッチ」が完成しました。その知らせを受け取った私は、胸の高鳴りを感じつつ、鈴木ビルから、昭和通りを渡って、マロニエ通りを右折して、中央通りを渡って、ガス灯通りを左折して、煉瓦亭の前に立ちました。木田さんと料理長の中村さんに挨拶をして、階段をあがって、二階の窓側のテーブルに着席。そしてついに「ライス・サンドウィッチ」が運ば

れてきました。トーストされたサンドウィッチがお皿の上に三つのっています。一見して特徴的なのはその一つ一つに違うソースが添えられている点でしょう。中村さんが次のように説明してくださりました。「オムライスとカレーライス、ハヤシライスをオリジナルの製法で固めてパンにはさみました。それぞれ、トマトケチャップ、カレーソース、デミグラスソースをつけて召し上がってください」。事前の予想では、もしかしたら、リゾットのような柔らかいライスが中に入っているのではないかと考えていましたが、予想はいい意味で裏切られました。煉瓦亭を代表する三つの料理をサンドウィッチというかたちで味わえる。料理長の視野の広さと展開力に感服せずにはいられません。さらに、「オムライスサンド、カレーライスサンド、ハヤシライスサンドの順に食べてみてください」と言いました。ここに至るまで試食を重ねてくださった結果が、この言葉に反映されているということでしょう。ではいただきます。まずはオムライスサンドから。卵の風味とケチャップの香りがトーストの〝カリフワ〟の食感にのって広がります。続いてカレーライスサンド。そういえばカレーパンはいろんな種類があるけど、なかにライスが入っているのは、ほとんど見かけません。カレーパンとカレーライスが一つのテーブルに同時にある光景もあまりないでしょう。両方のいいところを一回で堪能《たんのう》できるのは、サンドウィッチならではです。続いて、ハヤシライスサンド。私は、煉瓦亭のハヤシライスが大好きです。詳細はあとで述べますが、実は私は、ネギと玉ネギを食べることができません。ただ例外もあり、煉瓦亭のハヤシライスの玉ネギはいけるのです。完全な私の思い込みですが、おそらく香辛料と煮込むことによって、玉ネギの成分が変化しているのだと思います。いずれにしても、煉瓦亭伝統のデミグラスソースを新しい解釈で味わうことができました。

三つのラインナップは私の予想をはるかに超えていました。そこには三重の悦びがありました。私は木田さんにこう尋ねました。「これが定番のメニューになる可能性はありますか」。木田さんは冷静に言いました。「ないです、つくるのがすごく大変なのです」。

木田さん、料理長の中村さん、自分のわがままにお付き合いくださりありがとうございました。ライス・サンドウィッチというものをお店で提供したのはこれが史上初なのではないかと思います。その意味において、元祖ライス・サンドウィッチは、このときに誕生したと言っていいのではないでしょうか。つながりが生まれ、新しい変化が起こる予感がするときほど楽しいことはありません。

「FRONT」の謎

私は、これまでも何度か述べて来たとおり、日本の対外宣伝誌の販売を通して日本工房を知り、そこから森岡書店が入居する鈴木ビルとの縁が生じました。銀座で仕事をするようになったのも、もとはといえば、日本の対外宣伝誌を集めていたことがきっかけだったといえます。そのなかで、あるときから、日本工房の「NIPPON」と匹敵する内容を持った、東方社《とうほうしや》が刊行した「FRONT」について、誌面構成に疑問を持つようになりました。戦前期の他の対外宣伝誌と比較して、東方社「FRONT」には、日本軍の機密事項に関わる兵器があまりにも多く掲載されているのです。そして、その疑問を考えていくうちに、東方社「FRONT」とは、ソ連をはじめとする当時の敵国への諜報《ちようほう》メディアであったのではないだろうか、という考えに行き着きました。今回は、そのように考えるに至った経緯を、日本工房と東方社の設立の背景を確認しつつ、以下のようなレポート形式で考えてみました。第一節と第二節は、

『名取洋之助と日本工房［1931－45］』（岩波書店）、『焼跡のグラフィズム』（平凡社）の要旨を紹介しているもので、第三節以降が私の意見になります。

第一節　東方社の成立過程

●一－一　写真雑誌「光画」と東方社

東方社は、一九四一年三月から四月にかけて陸軍参謀本部の意向で成立しました。岡田《おかだ》桑三《そうぞう》、木村伊兵衛、原弘《はらひろむ》といった有能なスタッフは、もとはといえば写真雑誌「光画」を出版するために集まったメンバーでした。

「光画」は、一九三二年から一九三三年にかけて、野島康三《のじまやすぞう》が主宰する「光画社」から十八冊が刊行された写真雑誌です。当時の日本としては、画期的な写真雑誌で、洗練されたエディトリアルデザインに、野島康三、中山岩太《なかやまいわた》、ハナヤ勘兵衛《かんべえ》、木村伊兵衛、名取洋之助たちによる写真が掲載され、伊奈信男《いなのぶお》の「写真に帰れ」論や原弘のエッセイが寄稿されていました。

野島康三邸で撮影された「光画」同人の記念写真には、豪華な洋室内に、袴《はかま》やスーツ姿の岡田桑三、木村伊兵衛、原弘、伊奈信男らの姿があります。この写真から、当時の写真家、写真に携わるものの経済的な立ち位置が伝わってきます。また、東方社が後に入居することになる、九段坂下の鉄筋コンクリート造の野々宮ビルは、野島康三が所有していた近代建築でした。

「光画」のスタッフが「ＦＲＯＮＴ」の刊行の中核を担っていたことを考えると「ＦＲＯＮＴ」にみられる圧倒的な存在感を持つ写真、精緻なデザインは、「光画」の出版で培われた技能が反映されたと言って良いでしょう。「光画」は十八冊を刊行した時点で廃刊になりましたが、そのスタッフが「ＦＲＯＮＴ」の制作に関わるようになった背景・流れには、報道写真家の名取洋之助と、名取が立ち上げた日本工房の存在が大きく関係していました。

●一－二　日本工房の誕生

銀行家の名取和作《わさく》の子息として生まれた名取洋之助は、慶應義塾普通部に通っていましたが、学業に不向きだったため大学予科への進学をあきらめ、留学のためドイツへ旅立つことになりました。ドイツでは、織物工場でデザインの仕事を勉強し、やがて、後の妻となるエレナ・メクレンブルクと知り合い恋仲になります。共に暮らしはじめたところ、火災後の光景をとらえたエレナの写真が、報道写真を駆使して出版物を刊行していたウルシュタイン社に買い上げられ、予想外の高収入を得ました。これを期に、名取は報道写真という分野にのめり込み、ウルシュタイン社の専属カメラマンとして契約を交わすことになりました。一九三一年に満州事変が起こると、名取洋之助はウルシュタイン社から派遣され、その実情の取材・撮影にあたることになります。ところが、その最中にドイツでヒトラーのナチスが台頭。ナチス政権は、マスメディアの仕事に外国人が就くことを禁じ、またウルシュタイン社はユダヤ系の会社であったため、名取洋之助は職を失ってしまい、ドイツに帰ることもできなくなりました。日本に留《とど》まることになった名取は、報道写真を用いて日本を海外に紹介する雑誌を出版することを決意。日本工房を起こしました。創設期のメンバーは名取洋之助、原弘、木村伊兵衛、伊奈信男、岡田桑三の五名。名取は、ドイツ時代、日本から送られてくる出版物が稚拙なため、劣等国のそしりをまぬがれないと感じていたそうです。

●一－三　中央工房の誕生

一九三三年に誕生した日本工房でしたが、一年もつことなく内部分裂を起こしました。名取洋之助の強烈な個性のまえに、他の四人がついてゆけなくなったのが原因だと考えられています。そして、日本工房を辞した原弘、木村伊兵衛、伊奈信男、岡田桑三の四人が起こしたのが中央工房でした（日本工房も、あらたに山名《やまな》文夫《あやお》、河野《こうの》鷹思《たかし》、亀倉雄策、土門拳らをむかえ第二次日本工房として活動）。中央工房は、銀座の電通ビル近くの西銀座ビルに事務所をかまえ、展覧会を企画したり、写真を海外に配信する部門として国際報道写真協会を設立し、三冊の写真集を海外向けに刊行しました。この中央工房のメンバーが、そのまま東方社の主要なスタッフになっていくことになります。

●一－四　東方社の誕生

先述の通り、東方社は、一九四一年三月から四月に陸軍の参謀本部の意向で成立しました。参謀本部は、当時の日本にあっては、陸軍のエリートが集まり、日本の戦争の方向性を決定していた巨大な権力を持つ機関。東方社の発足にあたっては、特に参謀本部第八課（謀略課）や第五課（ロシア課）が影響を及ぼしたと考えられています。第八課では、当時すでにソ連で刊行されていた「USSR in Construction」（建設途上のソ連邦）のような対外宣伝誌を日本でもつくれないものかと考えていました。その制作を引き受けるかたちで東方社は発足したのでした。

岡田桑三理事長の下、理事に林達夫、写真部長に木村伊兵衛、美術部長に原弘を擁し、多川精一《たがわせいいち》、小川寅次《おがわとらじ》らがスタッフとして名を連ねました。特に理事長の岡田桑三は、それまで職業としていた、松竹の俳優（山内光《やまのうちひかる》という芸名）をやめ、退職金をつぎ込んで社を発足させました。また、陸軍からの仕事を請け負っていた三井財閥からも資金が提供されました。社名は中国で日本を指す東方に由来します。東京市小石川区金富町四十七番地（現文京区春日）に木造洋風三階建ての社屋をかまえ、後に空襲に備え、九段坂下の鉄筋コンクリート造の野々宮ビルに移転しました。

社員の特徴として、共産主義者が少なからず含まれていたことがあげられます。

第二節　「FRONT」の誌面構成の考察

●二－一　「FRONT」の概要

「FRONT」は、こうして誕生した東方社において、一九四二年から四五年にかけて以下の十種類が制作されました。「海軍号」「陸軍号」「満州国建設号」「落下傘部隊号」「空軍（航空戦力）号」「鉄（生産力）号」「華北建設号」「フィリピン号」「インド号」「戦時東京号」。このうち、「戦時東京号」は四五年三月十日の東京大空襲時に焼失したため実際には出版されませんでした。「FRONT」というタイトルは民族学者の岡正雄《おかまさお》が提案したといわれています。三〇年にソ連で刊行された「USSR in Construction」や三六年にアメリカで刊行された「LIFE」を強く意識し、印刷は、ドイツ製のゲーベルグラビア輪転印刷機を有していた凸版印刷（現TOPPAN株式会社）板橋工場で行われました。

●二-二「海軍号」の誌面構成

「海軍号」は一九四二年二月十一日（現在の建国記念の日で当時の紀元節）に刊行されました。編集責任者に小幡操《おばたみさお》がつき全体の構成と原文を担当。「海軍号」は、英語、仏語、独語、露語、オランダ語、ビルマ語、スペイン語、ポルトガル語、タイ語、仏印・安南語（ベトナム語）、インドネシア・マレー語（オランダ式表記）、インドネシア・マレー語（英国式表記）、インド・パーリ語、蒙古語（モンゴル語）、中国語の十五か国語版が制作されました。見開き頁《ページ》に掲載された戦艦「陸奥」の写真などでは機密事項に関わる司令塔や主砲に修正が施され、戦闘能力を隠蔽したと見る向きもあります。発行部数に関しては、「海軍号」は海外版だけで六万九千部刷った、という岡田の言葉があるのみ。内外に好評だったため、同年八月には「大東亜建設画報」と名前を変えて日本語版が五万部増刷され一円八十銭で販売されました。開闢《かいびゃく》以来、ことあるごとに陸軍が海軍に先んじていたが、「FRONT」の刊行においても、「陸軍号」の編集が先に進んでいて、本来は創刊号になる予定でした。しかし、一九四一年十二月八日の真珠湾攻撃の成功と衝撃を受けて、効果的な宣伝のタイミングを図ったため、「海軍号」が創刊号になりました。

●二-三　「陸軍号」の誌面構成

「陸軍号」は、編集責任者に林達夫がつき全体のデザインと原文を担当しました。一九四二年に「海軍号」と同じく十五か国語版が刊行されました。ビルマ語やタイ語など、当時まだ日本人研究者の少ない言語は東京に留学している学生に翻訳を依頼しました。「陸軍号」は、戦車の存在を全面に打ち出した内容になっています。特に露語版では、表紙にも戦車の写真を用い、他言語の版が、重爆撃機と搭乗員の写真を表紙に掲載しているのに対し、より戦車を強調しているようです。

これは、三九年のノモンハン事件で、ソ連軍の圧倒的な戦車部隊の前に陸軍が大敗を喫したことが反映されているのではないでしょうか。戦車部隊の拡充を急いだ陸軍が、その成果をソ連軍に誇示する狙いがあったと考えられます。戦車の撮影は、木村伊兵衛、濱谷浩《はまやひろし》らが担当し、千葉陸軍戦車学校（現千葉市稲毛区役所敷地等）で開戦直前の四一年秋に、九八式中戦車を動員して行われました。撮影した写真には合成技術が施され、迫力のある誌面に仕上げられました。木村伊兵衛はライカを愛用することで知られていますが、当時の日本では輸入禁止になっていたため、東方社では上海までライカを買い付けに行っていました。四五年の終戦時、東方社の社員は、在庫として残っていた「FRONT」を東方社地下のボイラー室で焼却しました。その際、ボイラー操作の誤りから、社屋のあった九段坂下界隈《かいわい》には、煙突から、燃え残った半焼けの「FRONT」が多数飛散したという話がのこっています。

さて、これまでは、『名取洋之助と日本工房［1931－45］』『焼跡のグラフィズム』の内容をまとめた記述ですが、これからはそれを踏まえて、自分の疑問を述べたいと思います。

第三節 「FRONT」に対する疑問

●三－一 第一の疑問 東方社の人員構成

第一の疑問は東方社の人員構成にあります。東方社は、陸軍の参謀本部の意向で一九四一年三月から四月頃に参謀本部の後ろ盾のもとに組織されましたが、前述のように社員にはなぜか共産主義者が少なくありませんでした。戦前は治安維持法のもと、共産主義の活動は違法で、特別高等警察がその検挙のために目を光らせていました。軍国主義の中枢、参謀本部と、共産主義者という取り合わせは、いくらそのなかに映像や宣伝広告に長《た》けた人物がいたとしても、本来、水と油の関係のように思えます（参謀本部ロシア課では、ソ連の内実に精通しているという理由から、転向した元共産主義者を嘱託として抱えてはいたが）。しかも、東方社の場合、年を追うごとに、共産主義者の社員が増えていきました。特別高等警察は東方社を「アカの巣窟」と呼んで検挙の機会をねらっていたといいます。東方社は、なぜそのような共産主義者を社員に取り込んでいたのでしょうか。

●三－二　第二の疑問「FRONT」の刊行期間

第二の疑問は、戦況が悪化しても、「FRONT」を刊行しつづけた点にあります。戦争末期、海外への輸送が困難な状況では、刊行したとしても対外宣伝誌としての意味をなさないのは自明だったのではないでしょうか。届いたとしても、戦局が刻々と悪化しているので、誌面の内容が現場と対応しないことになります。しかし、東方社で働くものにとっては、戦時下でも恵まれた環境で写真やデザインの仕事を行うことができたのだから、刊行をつづけること自体に意味を見いだせたと推測されます。また、共産主義者にとっては、参謀本部の息のかかった東方社は、特別高等警察の追っ手から逃れる絶好の隠れ簑《みの》になったかもしれません。しかし参謀本部の側にたってみれば、いつまでも無用の長物をつくりつづける余裕などなかったはず。「FRONT」がもはや意味をなさないことは誰の目にも明らかだったのに、一九四五年まで刊行がつづいた点が疑問なのです。

●三－三　第三の疑問　「FRONT」の焼却について

第三の疑問は、終戦を迎えた東方社で、早急に「FRONT」を焼却した点にあります。同時期、各新聞社と、同じく対外宣伝誌を出版していた日本工房でも、戦犯に問われるという理由で、該当する写真とネガを処分しました。しかし、もとより「FRONT」は対外向けに刊行されたもので、米軍にも当然のように届いていました。いまさら「FRONT」本体の存在を隠匿することなど不可能だったはず。「FRONT」には、版元としての東方社の名前と住所、スタッフの名前、印刷所がくっきりと印字されてもいます。焼却したところで、米軍が戦犯に問う意志があるとすれば、訪ねてくることは東方社の社員にとっても明らかだったでしょう（実際に米軍は、このような出版物をつくれるのなら仕事を発注すると、戦犯に問うためではない目的で、凸版印刷にやってきたこともあったようです）。それなのに、わざわざ、人目に触れないよう焼却したことには何か別の目的があったと考えたくなるのです。

第四節　疑問に対する推論
――共産主義の観点から「FRONT」を見る――

一般に「FRONT」は「大東亜共栄圏」の賛美や日本軍の誇示のために出版されたものといわれていますが、これらの疑問を解決する手がかりとして、「共産主義」という観点から見直すとどうなるかを考えてみます。

●四－一　東方社の人員構成に関する推論

東方社が設立された一九四一年は、十二月に太平洋戦争が開戦した年ですが、その三か月前の九月、東京では、リヒャルト・ゾルゲを頂点とするソ連のスパイ組織が日本国内で諜報活動および謀略活動を行っていたとして、その構成員が逮捕されはじめました。いわゆるゾルゲ事件です。この組織のなかには、近衛《このえ》内閣のブレーンとして日中戦争を推進した元朝日新聞記者の尾崎秀実《おざきほつみ》もいました。コミンテルン（各国共産主義政党の国際統一組織）の組織員だった尾崎は、逮捕後の取り調べで、以下のように述べています。「我々のグループの目的・任務は、狭義には世界共産主義革命遂行上の最も重要な支柱であるソ連を日本帝国主義から守ること」。ソ連を日本帝国主義から守るためには、日本と中国、ひいてはアメリカが戦争状態にあることが望ましかったというのです。

東方社内の共産主義者のなかには、尾崎秀美と目的を一にするコミンテルン組織員が潜んでいたら、という観点から「FRONT」を見てみると、特に「海軍号」、「陸軍号」、「落下傘部隊号」、「空軍（航空戦力）号」は、日本軍の兵器が詳細に写されていて、その軍備を可視化しているように見えてきます。「海軍号」は、戦闘能力を隠蔽するために修正を幾度も加えられたといいますが、「陸軍号」では、新鋭の戦車が大きく紹介されているし、後半部分は陸軍の兵器の写真が多数を占めています。「落下傘部隊号」では、日本軍の落下傘部隊の全容が紹介されていて、「空軍（航空戦力）号」では、真珠湾攻撃やマレー沖海戦で多大な戦果をあげた日本軍の航空機を知ることができるでしょう。

実際、「FRONT」のデザインに携わった多川精一は『焼跡のグラフィズム』のなかで「FRONT」の写真に関して以下のように回想しています。

真新しい廊下の壁に左右一メートル以上の大きな戦艦の写真が貼り出されていた。当時は陸海軍とも軍事機密は極めてうるさく、兵器の写真は撮ることももちろん、所持することも見せることも絶対に出来なかったのである。しかし貼り出されたそれは、開戦直前に豊後水道付近の大演習で、木村写真部長がライカでとった戦艦『陸奥』の、修正される前の原画だった（略）。
それればかりでなく、外国人に見せるという『FRONT』なのに、国内の一般雑誌などでは見られない新型航空機や兵器の写真がいっぱい載っているのだ。街をカメラを持って歩いていただけで、スパイの疑いで刑事に調べられるという時代に、いくら宣伝とはいえこんなことが出来る東方社という会社に僕は驚いた。

ソ連をはじめ、アメリカ、中国の軍人がこれらの写真を目にしたとき、果たして本当に宣伝による戦争抑止効果が生まれたのでしょうか。それよりは、むしろ日本軍の軍艦や戦車、落下傘部隊、航空機の分析をするのに都合の良い資料となり得たと考える方が自然でしょうし、もし自分が、そのような立場の軍人だったなら資料に活用するでしょう。

東方社の社員に共産主義者を入れたのは、もしかしたら、特別高等警察が捜査にふみこみ、東方社の実体が明らかになったとき、幹部ではなく、その人々に捕まってもらうためだったと考えたくなります。

●四－二　「FRONT」の刊行期間に関する推論

第二の疑問に対しても、「FRONT」の目的が、帝国陸軍海軍の誇示や大東亜共栄圏の宣伝ではなく、その内実をコミンテルンに諜報するためだとしたら、日本の戦況悪化にかかわらず刊行されたことにも頷けます。同じく多川精一は『焼跡のグラフィズム』のなかで、ソ連軍が満州に参戦したときの回想として以下のように述べています。

『FRONT』の「満州国号」は何の役にも立たなかったのだ。むしろ侵入後のソ連による満州の資源や設備の収奪の手引きになっただけだろう。

もし「FRONT」が最初からこの目的で編集されたと考えればどうでしょう。

「海軍号」、「陸軍号」、「落下傘部隊号」、「空軍（航空戦力）号」は、日本軍の軍備の諜報であって、「満州国建設号」、「華北建設号」、「フィリピン号」、「インド号」、「戦時東京号」は、ソ連の参戦を有利にするため、そしてその後の現地の共産化をスムーズに進めるためのガイドブックにさえ見てとれます（この場合、参謀本部が「FRONT」の刊行を認め続けているということだから、参謀本部の側にも内通者がいたということになります。もしそうだとしたら、「FRONT」を制作するだけでなく、社屋のどこかで無線などで参謀本部の情報を送っていたとも考えたくなります）。

●四‐三「FRONT」の焼却に関する推論

第三の疑問は、もし「FRONT」が諜報のためのメディアだったとするなら、戦争が終了した時点で、敵国ではなく特別高等警察対策に、証拠は隠滅するのが得策と判断されたと考えれば、腑《ふ》に落ちます。

「海軍号」は日本語版が「大東亜建設画報」として出版されましたが、その他の号は、存在がほとんど知られていなかったと考えられています。ということは、もしかしたら、「海軍号」以外の「FRONT」は、ある程度はアメリカや中国、ソ連に配られたが、ほとんどは九段坂下の社屋で塩漬けになっていたのかもしれません。敗戦ギリギリの場面で、まだ活動していた特別高等警察などに諜報の嫌疑をかけられることがないようにするには、燃やしてしまうのが手っ取り早い。

特に「陸軍号」の最終頁は、これが大東亜共栄圏の宣伝だといわれなければ、共産主義国家にみられる典型的なプロパガンダデザインから、一見して、アジア全域の共産化を謳《うた》ったポスターのようです。また「陸軍号」では、日露戦争の正当性と意義を伝えるために、アナトール・フランスのテキストを持ち出していますが、アナトール・フランスもまたロシア革命を支持し、フランス共産党に加入した経験のある文学者でした。ロシア革命をアシストしたという意味で日露戦争を評価した文章の一部が抜粋されているのです。

第五節 「FRONT」諜報誌説の論証への手がかり
――林達夫『反語的精神』

現在のところ、上記の「FRONT」諜報誌説を補完するような資料としては、林達夫の『反語的精神』(一九四六年刊)があげられます。林達夫は岡田桑三が東方社理事長を退いた後に理事長を務めた人物でした。林達夫は『反語的精神』のなかで戦時

1942
IN ASIA... Japanese soldiers stand sentinel at all key points of Greater East Asia, and ...
JOINT DEFENCE... and
JOINT CONSTRUCTION!

中の自らの態度に対して、以下のような文章を綴《つづ》っています。やや長いが引用します。

私はわが国の思想家や知識人があの困難な反動期において少しも思想闘争上の戦略戦術について真剣に考慮をめぐらし工夫を致すことのないのが、実に不思議でならなかった。彼らはソクラテスやデカルトがこの際範とするに足る稀に見る深い思想謀略家であったということに心づいてさえいないように思われた。思想闘争は猪突や直進の一本調子の攻撃に終始するものではない。また終始してはならない。そんなことでは、それは警官の前で、戦争絶対反対！　と叫んでその場で検束されてしまう、あのふざけ者のダダイストと、結果的には一向変わりがなく、道行く群衆はただ冷然とそれを見送るだけのことだ。もちろんそのような英雄主義を、私はいちがいに貶《けな》そうとするものではない。ただそれは私の好みではなく、また思想闘争には個性の数だけ戦法があるというだけのことである。――さて戦争がいよいよ始まったとき、それに唱和する数十万、数百万の熱狂的な人波の流れを前にして、絶望的にならなかった人を、私は心から尊敬する。私はといえば、私は十二月八日以前に、すでに殆ど絶望していたことを白状せねばなりませぬ。今度出す『歴史の暮方』という題の私の書物が、かかる精神状況を少しばかり語っているでありましょう。
人は、絶望の戦術とでも言うべきものを理解してくれるでしょうか。

私は識っている、骨の髄までの反戦主義者、反軍国主義者の中に、心中深く期するところのある古代支那（原文ママ）の刺客のように、今を時めく軍国主義の身辺近く身を挺《てい》して、虎視眈々としてその隙を窺っていたもののあったことを。その人々にとっては、戦争の中に押しやられて、しかも戦争を克服する方法は、戦争に対して単純に「否」を叫ぶことではなく、その戦争の頭脳を、軍国主義の神経中枢をじっと冷厳に見つめることであった。戦争のダイナミックは、敵味方の大本営が秘術を尽しての知的勝負に、その集中的表現を見出している。それは――物議をかもすような言い方を許されるなら――チェスの将棋盤をさしはさんで対陣する、あの机上遊戯に甚だよく似ている。そこでは、血みどろに闘っている部隊や兵団といえども、夜を昼についで労苦のかぎりをつくしている悽惨な銃後の生産陣といえども、要するに一つの抽象的な無表情な、盤上の駒の意味しかもっていない。戦争のこの上もなく残酷なこの非情さを最もよく示すものは、参謀本部会議室のテーブルの上に繰りひろげられた一枚の大作戦地図であろう。この地図のように非情に、そしてこの地図にそそがれた、祖国の運命の呪われたる担い手であり、同時にその不倶戴天の仇敵でもある軍国主義の眼の中に、「不確実な拠点」の在りかを読みとり、未来の「凶」がどこに萌すかを察知することが、恐らく彼らの念願だったのである。不逞なる精神とは、正にそうした危険な探索と冷やかな測定とのうちに、祖国の代表者であり同時に祖国の敵である傲れる指導者のかくされたる最大弱点をさぐり、あわよくばこれに一挙手一投足の労で致命傷を与え得る手がかりを得ようとしていた人間のことを言うのであろう。だが、よく考えてみると、これも権力なき知性と団結なき闘志が絶体絶命の境地に追い込まれた瞬間、無意識に発揮する狡智と謀略との憐れむべき最期のあがきだったのかも知れない……。

私は自分の場合は語りたくありません。ただ言い得るのは、いつの場合にも私にとっては反語《イロニー》が私の思想と行動との法則であり、同時に生態だったということです。反語はいうまでもなく一種の自己表明の方法であります。それはいわば自己を伝達することなしに、自己を伝達する。隠れながら顕われる。顕われながら隠れる。キェルケゴールの言うように、反語家は悪人の風をした善人であるかも知れない、偽善者が、善人に見られたがる悪人であるように。それは一つの、また無限の「ふり」である。

　この文章が東方社「ＦＲＯＮＴ」を指しているという明言は文中にありません。しかし戦前の林達夫もまた共産主義の実現という夢を抱いていた知識人だったということと、そのうえで東方社の理事長として「ＦＲＯＮＴ」の刊行に携わっていたという事実をつなぎあわせれば、東方社「ＦＲＯＮＴ」のことを指して語っているという可能性も浮かび上がってきます。またそう考えると、林達夫の戦中の態度とのつじつまがあってきます。まあ、私の憶測の域を出ないものではありますが。

第六節　今後の課題

　今後の課題は、「ＦＲＯＮＴ」の各号には何が文字情報として書かれていたのか、各国版を比較して検討してみることにあると思われます。かつて私は、露語版の「海軍号」と「陸軍号」を販売しました。いまそれは香港にあるはず。また英語版の「落下傘部隊号」と「空軍（航空戦力）号」も販売しました。いまそれはウィーンにあるはず。いつかその誌面を再び読むために二つの都市を訪ねたいものです。

頭髪問題

これまでも他の媒体などで何度か述べてきましたが、私はネギと玉ネギが食べられません。それがはっきりわかったのは保育園のころでした。ネギと玉ネギは、お味噌汁やサラダ、タルタルソースなど、さまざまなかたちで給食に入り込んでいますが、それらを口にする度に気持ち悪くなりました。なぜこれが食べ物なのだろうと思いながら、泣く泣く牛乳で流し込んで食べていました。当時はまだ、きちんとしっかり残さず食べましょうの時代。自分なりの方法でがんばってそれらに向き合っていました。そのため、しばしばひとり昼休みにまでずれ込んで食べていました。

給食を食べることが人一倍遅いその光景を、保育園で給食をつくっていたAさんが覚えてくださっていました。山形ビエンナーレにキュレーターとして取り組んだ際、ポスターに印刷された私の名前を見たAさんは、次のようなメッセージをくださりました。「給食を食べるのが遅くて泣いていたよっちゃんが、今こうして、故郷に錦を飾ることができた」。

このように、私は保育園のころからネギと玉ネギにずっと苦手意識を持っていましたが、これまでの人生で、一度だけ積極的にそれらを口にした時期がありました。いったい我が身に何が起こったのか。以下はその顛末《てんまつ》です。

年に一度くらいは、いつからその頭になったのですか、と訊かれることがあります。きちんと答えるなら、二〇一〇年から。かれこれもう十四年以上の長きにわたってこのヘアスタイル（スキンヘッド）でやってきました。ヘアスタイルとはいっても、見ての通りヘアはありません。また一歩踏み込んで、なぜ、そのような髪型にしているのですか、と質問されることもあります。それにもきちんと答えるなら、二〇一〇年のある日、自分が写った写真を見て「もう限界だ」と実感したことがきっかけでした。親戚に薄毛の人が多く、小さいときからいつかは自分も、という意識がありました。

二十代のころは抗《あらが》ったものです。各種の育毛剤を試しました。当時は今ほどネット通販が充実しておらず、薬局で育毛剤を買っていた時代。五千円くらいは出すというのに、レジでは敗北感のような感覚を味わいました。薬局の方が、ノベルティーを渡し忘れたと追いかけてきてくださったときは、「勘弁してください」と心の底から思ったものです。

あるテレビ番組で、「さばの缶詰」が効く、という情報を紹介していました。翌日、近所のスーパーに行ってみると、「さばの缶詰」は残り二個になっていました。どうしてもそれを入手したい。そう思った私は、二個ともレジに持ち込みました。すると、レジの人は、半笑いのようになったのです。その日、私のような心境の人間が、何人も、レジに「さばの缶詰」を持って並んだのでしょう。しかし、そのような考えを見透かされたとしても、買いたいという気持ちに歯止めをかけることはできませんでした。

またあるときは、アロエが効くと唱える人がいました。アロエを栽培して、葉を折って、エキスを頭皮へ直塗《じかぬ》りするのが良いと。できることは何でも取り入れてみようと思った私は、その人を信じて、早速、ホームセンターでアロエを求めました。毛を生やすのに、まずはアロエを生やさないといけない。二段構えの育毛に取り組んでいたのです。しかしそれも無駄な努力でした。

徐々に、言葉にも敏感になっていきました。「激しい」とか「励ます」とかは使わないようにしていました。或いは、私の下の名前は「督行」と書いて「よしゆき」と読むのですが、「督」を入力する際、「よし」ではなかなか変換されないため、まず

「とく」と入れます。しかし、あろうことか、それを変換すると、何番目かには「禿」という漢字が出てくるのです。禿行。ハゲ直行。飛行機に直行便と経由便があるなら、通常は、直行便を選びますが、ハゲ直行便だけは勘弁してほしい。

そんなある日、健康雑誌の特集で以下のような記述を読みました。「玉ネギなどネギ科の植物には、血流を改善する働きのある物質が多く含まれており、頭皮の血行を促進することによって、健康な髪の毛作りをサポートします」「血行は髪の健康に深く関係しており、ドロドロの血液では十分な栄養成分が運ばれず髪の毛は弱々しくなってしまう」「ネギには髪の毛を作るタンパク質の合成を助ける物質が含まれており、薄毛対策にはもってこいの食べ物と言える」。私は、このとき、こころに決めました。これからはネギと玉ネギを食べるしかないと。それからしばらくの間は、ネギと玉ネギを選《よ》り分けることなく食べました。むしろ「ネギラーメン」をお願いしますと言って注文したこともありました。でも、やっぱり髪はなかなか生えません。

そんな二〇一〇年のある日、ついに「限界」を感じた私は決断しました。自宅近所の床屋に足を運び、扉を開けるや、「五分刈りにしてください」と言いました。来るべきときが来たという心境で。そして、その後に、自宅の洗面台の鏡に向かって、安全剃刀《かみそり》でスキンヘッドにしました。オールバックやショートカットという髪型があるので、その間をとって、オールカットという呼び名ではどうかと考えたりしました。「五分刈り」と「ブルガリ」は発音が似ている、などと、どうでもいいようなことを思ったりもしました。

この髪型にした後、はじめて同じヘアスタイルのTさんに会ったときには、「やめてくれ」と言われました。被《かぶ》ると言うのです。はじめはその意味がわかりませんでしたが、電車のなかでスキンヘッドの人と隣り合うと少し気まずくなり、あっ、こういうことかと思いました。お互いに被らないようにという暗黙の了解のもとでのディスタンスがあったりします。少なくとも私は、そのような間合いを感じます。

電車といえば、地下鉄の座席に座って、正面の窓ガラスに映るスキンヘッド姿をはじめて見たときは愕然《がくぜん》としたものです。トンネル内に等間隔に並ぶ蛍光灯の光が、規則正しく、頭皮に反射するのです。私と同年代以上なら、アメリカのテレビドラマシリーズ「ナイトライダー」をご存知の方もいらっしゃるはず。多くの家庭の中心にテレビがあった時代、映画番組枠でときおり放送されたアクションドラマ。登場するマシーン（車）のフロント部分には電飾があり、それと同じように私の頭の左右に光が走っていくのです。

もっとわかりやすくたとえるなら、東京スカイツリーでしょう。展望台付近に光が流れるようになっている部分がありますが、まさにあのようなイメージ。スカイツリーだから良いのであって、人間に置き換わると、けっこう辛《つら》いものがありました。はじめてそれを見たときは「終わった」と思いました。とにかく、人に見せてはいけないと。

しかし、いつまでもそう考えていても仕方ありません。途中から、考え方を変えて、もっと輝きたいと開き直ることにしました。暗い世の中を少しでも明るく照らしたい。この輝きで現代の闇を切り裂いていこう、というくらいに。例えば、分野は違いますが、サッカー日本代表の選手が「今日は必ず決めます」「勝利へと導きたいと思います」というような内容をコメントするように、この際、私もいつもポジティブな気持ちでいった方がいいと。考えてみれば、ダイヤモンドや真珠などの宝石は輝きが命です。光沢はそれだけで価値があるのです。そう思い込むことにしました。

その後、ずっとこの髪型だったかというと、そうではなく、実は一度だけ、すこし伸ばしてみたことがありました。しかし、すぐにやめました。もしいま悩んでいる若者がいるなら、私は早めにスキンヘッドにすることをおすすめします。

ついでに身体《からだ》の話をしますと、私は神保町の古書店で働いていたころ、ギックリ腰になったことがあります。社屋の四階から階段を降りて三階に立ったとき、突如、ギックリと音はしませんでしたが、腰に電流が走りました。そのまま床に寝そべり、横になってしばらく動けませんでした。病院に行くと「ギックリ腰はクセになるから注意してください」とアドバイスを受けました。このような事態には二度と直面したくありません。少しでも腰に負担をかけまいと、革靴でなくスニーカーを履くようになりました。坂本龍一さんがニューバランスを愛用していると知ってからは、ほとんどニューバランスを履いていました。歩いていると自分の足にもニューバランスはしっくりきました。

この経験を通して、私ははじめて「腰を抜かした」人の気持ちがわかるようになりました。というのは、かつて映画「バック・トゥ・ザ・フューチャー」シリーズで、主人公のマーティ（マイケル・J・フォックス）が、ビフという不良に「腰抜け」と言われて、激怒して立ち上がるシーンがあったのですが、なぜこの言葉だけでいきりたつのか、子供ながら不思議でした。でも、自分が腰を抜かしてはじめてその辛さと、どうにも動けない姿から導かれる間抜けなビジュアルを実感しました。「腰抜け」と

N
NB
さば水煮

いう言葉には「役立たず」というイメージが確かに漂います。

医師から「ギックリ腰はクセになるから注意してください」とアドバイスを受けたとき、どのタイミングでそうなるか思考実験をしてみました。ちょっとあれな話ですが、一番大変なことの一つは、男女が深く睦《むつ》み合うような場面ではないでしょうか。そのようなことは避けたいものですが、もし自分が当事者になったらどうするのか。ギリギリの局面での振る舞いに、互いの真価が問われると言っても過言ではありません。痛みを我慢するのは無理。いったん休憩するとしても一時間以上は起き上がれない。何か話すにしても、いったい何を話すというのでしょう。「タイム」とか……。もしくは、コルセットをして続行。いずれの可能性を探ってもこれはダメですね。まず、衣服の着用もままなりません。

またついでに靴の話をしますと、私はニューバランスを、ギックリ腰を体験してから二十年ほど履き続けていましたが、サイズは三〇センチを選んでいました。それより前、まだ十代の頃だったでしょうか、ある雑誌でスニーカーはオーバーサイズで履いて靴紐《くつひも》で締め上げるのがかっこいいというコメントを読んで、素直にそれを取り入れていました。確かにその方が靴のかたちがすっきりしまって見えました。こうして三〇センチを履いているうちに、自分の足のサイズは三〇センチと思って疑わなくなっていました。靴を買うときは三〇センチ。足のサイズを訊かれたら三〇センチ。それが当たり前のように。ただスーツを着用する際の革靴はいつも足にフィットせず、靴下を二重に履く必要があり、少し何かがおかしいと思ったりしていました。四十代も半ばになったとき、オーダーメイドの靴をつくる機会が訪れました。実測してみると、なんと私の足のサイズは二六・五センチであることが判明。私は、えっ、となりました。三〇センチではなかったのですかと。実際に二六・五センチの靴を履いてみると、あれまあ不思議、より足になじむではありませんか。そこで自分の長年の思い込みに気づいたのです。そのとき、次のような言葉が私の脳裏をよぎりました。これが本当の「バカの大足」だと。

幻の写真家がのこしたもの

二〇一九年の三月、タウン誌「銀座百点」編集長の田辺夕子《たなべゆうこ》さんから「一九六四年の銀座を撮った写真があるのだけれど、ご興味ありませんか」という電話をいただきました。「もちろん興味があります」と即座に答えると、東銀座のとあるバーで写真のコピーを見せてもらうことになりました。カウンターに腰掛けて、手に取ったコピーには、一九六四年の東京オリンピック開催に沸く銀座の街と人々が写しとられていました。和光、銀座三越、三愛ドリームセンター、GINZA SIXの前身の松坂屋などなど。これらの銀座を代表するような建物には、亀倉雄策のデザインによるポスターが飾られ、街ゆく人々の表情は活気に満ちていました。そのなかには、アメリカ東海岸の「アイビールック」に影響を受けた「みゆき族」の姿もありました。写真を撮ったのは伊藤昊《いとうこう》というまったく無名の写真家。伊藤昊はすでに二〇一五年に逝去していることも田辺さんからききました。

もともと写真が好きだった私は、伊藤昊の銀座の写真の全貌が知りたくなり、ほどなくして、浦和（さいたま市）のご家族を訪ねました。そこには、伊藤昊自身の手によって現像された銀座の写真が百五十枚ほどのこされていました。奥様の伊藤公子さんは次のような話をしてくれました。「これらの銀座の写真は伊藤が二十歳頃に撮影したもの。当時は校舎が新宿にあった東京綜合写真専門学校で写真を学び、写真を撮っていたのは知っていたが、沢山のプリントを目にするのはこれがはじめてだった。カメラマンとして三十五歳まで活動をしたが、以降、陶芸の道に転じ、晩年まで益子《ましこ》で作陶をつづけた。そのためこの写真が人目に触れることはほとんどなかった。昨年、仕事場を整理していたら、二階の片隅に〈写真〉と書かれたダンボール箱が二つ置いてあった」。公子さんが銀座のギャラリーをまわっているうちに「銀座百点」を手に取り、「もしかしたら興味を持ってもらえるかも」と思い、編集部に相談したということでした。

伊藤昊が二十歳の頃に開催した写真展の芳名帳がのこされていました。それには、高梨豊《たかなしゆたか》や須田一政《すだいっせい》、篠山紀信《しのやまきしん》といった写真家の名前があり、会場には木村伊兵衛も訪れていたというエピソードも聞きました。もしかしたら、伊藤昊は将来を嘱望されていた写真家だったのかもしれません。公子さんは、「なんで写真をのこしたのだろう」と不思議がっていました。ご自宅をあとにするまでには、森岡書店としてこの写真集を出版する意志を固めつつありました。

ここから本格的に伊藤昊の写真との付き合いがはじまりました。伊藤昊の写真を一枚一枚ながめる日々。彼の写真に限ったことではありませんが、かつての街が写し出される写真の良いところは、当時の光景が眼前に広がるような体験ができる点にあります。例えば、以下の四つの写真のように。

まずは①の写真。松坂屋の前に立っているどこかの国のオリンピック選手団が印象的な一枚。通りを歩く若い女性は、憧れの視線をおくっているようです。調べてみると、松坂屋の外壁は、建築家のアントニン・レイモンドにより、一九六四年に改装されました。アントニン・レイモンドと言えば、同じ銀座では、戦前期に教文館を設計していますし、資生堂ギャラリーで建築写真の展覧会も開催しています。しかし太平洋戦争中は、米軍の焼夷弾が、日本の木造建築をどれほど延焼させるかの実験に協力したといいます。このことを踏まえると、六四年の銀座は、アントニン・レイモンド

①

②

にとって感慨深い光景だったのではないでしょうか。

次に②の写真。銀座ニュー文化劇場という看板のまえでうつむく男性は、カンカン帽を被り、ストライプのジャケットに蝶《ちょう》ネクタイという姿。看板には小さく「総天然色」の文字。おそらく映画の呼び込みをしていた人ではないかと考えられます。調べてみると、銀座ニュー文化劇場とは、現在のシネスイッチ銀座という映画館で、場所も変わらず銀座四丁目の和光の裏手にありました。その後ろを歩く和服のお婆《ばあ》さんは、八十歳くらいのように見えます。そうだとすると一八八四年頃の生まれなので、日清戦争、日露戦争、関東大震災、昭和恐慌、二・二六事件、真珠湾攻撃、空襲、敗戦、復興を経験して、いま東京オリンピックという状況でしょう。激動の時代を生きた人の風貌が確かに感じられるというものです。

次に③の写真。初乗り百円の日の丸タクシーの車種はセドリック。丸みを帯びたデザイン。そこに目が行きがちですが、その後ろのビルには見覚えがあるような気がします。よくよく細部を観察するとこれは、戦前期、土浦亀城《つちうらかめき》が設計し、泰明小学校のみゆき通り側に建っていたという徳田ビル。一時は、バウハウス（ドイツ・ワイマー

③

④

ルにあった総合的な造形学校）の留学から帰り、それぞれテキスタイルデザイナー、建築家として活躍した山脇道子《やまわきみちこ》・巌《いわお》夫妻が住んでいたり、名取洋之助が主宰する「日本工房」が入居していたビルです。森岡書店が入っている鈴木ビルには日本工房の後身が、この後、交詢《こうじゅん》ビルを経て、入居していました。この入り口から、山脇夫妻や名取洋之助が行き来していたのです。

そして④の写真。ここは銀座六丁目みゆき通り、クロサワビルの前です。立っているのはみゆき族の若者で、その前を老紳士が歩いてゆきます。老紳士はこう思ったかもしれません。「この若者は、これからナンパ（当時はカタカナ表記の「ナンパ」は使われていませんが）でもするのだろうが、飢えたり、戦争で死んだりするのに比べたら、これくらい今を楽しむ方がいいだろう」と。そんなことを考えていそうな男の背中に見えました。

もし、私が、この若者のなかの一人だったなら、どのように、街ゆく女性に声をおかけしただろう。私が最も好きなもので勝負するとして、こう言ったでしょう。

「ねぇ、ショートケーキどう」と。

（決まったか）

Coca-Cola
とんかつ
竹の家
とんかつ 竹の家
たばこ

⑤

⑥

中華

⑦

DRINK MORE BEER FOR
SAPPORO BEER

⑧

場所が特定できない写真も数多くあったため、当時は築地一丁目の中央区役所の建物のなかにあり、現在は新富町にある京橋図書館の地域資料室を訪ねました。司書の方に相談すると、すぐに『東京都全住宅案内図帳 中央区（南部）』を出してくださりました。この地図を参照することによって、伊藤昊が撮影した場所が、いくつも明らかになりました。⑤の「竹の家」というとんかつ屋は、銀座二丁目のマロニエ通りにあり、現在はティファニーブライダルブティックになっていました。一九六四年の銀座には、とんかつを食べてコーラを飲んで、煙草《タバコ》を吸う、というある意味エネルギッシュな食生活を求めた人々がいたということでしょう。⑥の「亀八鮨」は銀座四丁目の晴海《はるみ》通りにあり、現在はGUCCIになっていました。⑦の「丸八中華そば」は銀座二丁目の柳通りにあり、現在は有楽町線銀座一丁目駅の11番出口になっていました。⑧は銀座七丁目の「ビヤホール ライオン」だと思っていましたが、六四年当時は、銀座四丁目交差点のGINZA PLACEの角にもビヤホール ライオンがあり、伊藤昊はそこを写していました。

しかし、地図だけでは、どうしても場所が判別できない写真もありました。例えば

⑨

⑩

⑨の写真は、左上の煙突が特徴的ですが、煙突があるということは一九三〇年代に建った近代建築の可能性が高く、またビルのサイズが大きいので、銀座通りか晴海通り、外堀通りに建っていたのではないだろうかと考えました。銀座の近代建築を画像検索していると、外堀通りと松屋通りが交差する角に建っていた平和生命館の煙突のかたちに似ていることが判明しました。実際に現場検証に出てみると、右上に写っている大きな看板のあるビルが、現在の丸の内ピカデリーであることがわかり、その裏手で撮影したことをつきとめました。『東京都全住宅案内図帳 中央区（南部）』を確認したところ、該当の場所が空き地になっていました。まさにそこにこの写真の車が停《と》まっていたのです。

⑩の写真は、扇子を販売しているお店のようです。窓に映り込んだビル群とのコントラストが際立ちます。この写真を銀座を地元とする人たちに見てもらうと、歩道のブロックの角度から場所を特定しようとしました。その結果、「晴海通りの可能性が高い」。そこで、『東京都全住宅案内図帳 中央区（南部）』の晴海通りを目を凝らして見てみると、銀座五丁目三原橋に「舞扇わかば」と小さく書かれたお店がありました。そして、あらためてガラスの映り込みを見ると、そこには、かつて三原橋にあった映

画館・銀座シネパトスの建築の一部が写っていることに気づきました。ちなみにこの建築も土浦亀城が設計しました。

こうして写真を見ていくうちに、伊藤昊の「銀座」の特徴が徐々にあきらかになってきました。銀座は、明治維新後に煉瓦街《れんががい》になって以来、欧米からの文化を移入し続けてきました。六〇年代の銀座には、シャンソン喫茶・銀巴里《ぎんパリ》が健在で、現在も続く喫茶店トリコロールもありました。しかし伊藤昊がより見ていたのは、コーラのマークや、モータリゼーションの到来を象徴する車や街並みなど、アメリカのイメージだったのではないでしょうか。伊藤昊の写真には、アメリカへの憧れ、新しく生まれるもの、都市の繁栄が感じられます。経済成長を続ける日本の良い部分が見て取れるといっても過言ではありません。アメリカを探して銀座の街を歩く伊藤昊の姿が立ち上がってきました。

一方、同時代には、社会の暗部や学生運動、忘れ去られようとしている風景、敗戦の記憶をテーマとした写真家たちがいました。伊藤昊の場合も、例えば、写真にゴミ箱や煙草の吸い殻を取り込むことにより、繁栄の裏側を暗示していたようにも思えます。また、掃除や靴磨きの仕事をする人、時代に置いていかれそうな商店とその店主らしき人を取り込むことにより、静かに戦後日本を支えてきた人々の存在を視野に入れてはいました。未確認ですが、福岡の炭鉱を撮ったシリーズものこされているようです。

年が明けて二〇二〇年になり、いよいよ、写真集づくりが本格化しました。出版の予定日を、オリンピック開催が迫る五月五日と定めました。六四年のオリンピックとの比較に意義があるだろうし、何より、「このタイミングなら売れる」と確信しました。表紙の写真には④を選出しました。文字のフォントは、六四年の東京オリンピックのポスターと同じものにしました。紙も六四年のポスターと同じものにしようと考えましたが、前年に誰かが在庫をすべて買い占めていて、同じ紙がありませんでした。

掲載する写真の順番を考えているとき、またあることに気づきました。出来上がる写真集が、ロバート・フランク（スイス生まれのアメリカの写真家）の『THE AMERICANS』に似ているのです。もしかしたら、若かりし伊藤昊は、直接、ロバート・フランクの影響を受けていたのかもしれない。そこで公子さんに連絡をとり、ご自宅に『THE AMERICANS』やロバート・フランクの本がのこされていないかを確認してもらいました。しばらくすると、公子さんが、伊藤昊の友人に訊いてくださり、伊藤昊がロバート・フランクに興味を持っていたことがわかりました。伊藤昊は銀座版の『THE AMERICANS』をつくろうと企図していた。確証はありませんが、もしそうなら、銀座のなかのアメリカのイメージを撮っていたことに納得できます。

ただ、大切なのは、ロバート・フランクは、どこかアメリカの社会を斜に見ていたところがありますが、伊藤昊は、銀座に表れたアメリカを肯定的に捉えていたということです。意識的にせよ無意識にせよ、伊藤昊にとって銀座のアメリカは、あくまで憧れの対象だったように思います。

この写真集づくりを通して、写真を見る人によって、見える風景がまったく違うことを実感しました。

小説家の柴崎友香さんに⑪を見てもらったところ、柴崎さんは次のように述べました。「三愛のガラスに映っているのは、角度的に、和光だろう。そうすると女性のメガネのレンズに映っているのも和光。和光は、欧米に憧れた日本の近代化のかたちでもある。目の中にそういうイメージがあるのに、顔は、すごく日本人らしい表情をしている。これは近代日本人の肖像のよう」。

小説家の朝吹真理子さんに⑫を見てもらったときは、朝吹さんは次のように述べました。「もしかしたらこの若者二人は銀座の路上でこれからナンパをするのかもしれない。ひとりの若者が持っているのは本のようだ。『WE SEVEN』というタイトル。調べてみるとこの本は、アポロ計画で月に行った宇宙飛行士七人の伝記。アメリカではベストセラーになった。本でナンパをしようというのは良い時代かもしれない」。

この時代の銀座にいた人、銀座で生まれた人、銀座を去った人、各々に、この写真から立ち上がってくる言葉がきっとあるのでしょう。


五月五日の出版にむけて順調に進んでいた矢先、コロナウイルスの感染拡大がはじまりました。森岡書店は「銀座」にあります。二〇二〇年二月の第四週から、ご来店くださるお客様が激減し、感染拡大防止のためトークイベント等が中止になっていきました。三月末に二〇二〇年東京オリンピックの延期が決まったときは、さすがに、この写真集の出版も中止にしようかと考えました。毎日の営業が覚束《おぼつか》なく、先行き不透明ななか、けっこうなお金をかけて、けっこうな量の写真集をつくることに不安を感じないわけにはいきません。しかし、あらためて写真を見返した私は、こう思いま

⑪

⑫

した。「社会にある矛盾を感じつつも、街や人々の明るさに目を向けていた、六四年の銀座に希望を見た伊藤昊の写真が、コロナ禍にあって、人々を元気づける力になるかもしれない」と。今にして思えば私はやはり前向きな人間です。

感染拡大を避けるため、印刷所の稼働が慎重になったこともあり、この写真集『GINZA TOKYO 1964』は、予定より少しだけ遅れて、五月十一日に完成しました。印刷は富山県の山田写真製版所で行いました。本来なら自分も印刷に立ち会いたかったのですが、移動が制限されたため諦め、プリンティングディレクターの熊《くま》倉桂三《くらかつみ》さんに一任しました。でもこのことが結果的に良い方向に向かいました。なんと熊倉さんは六四年当時、銀座で働いていたというのです。人々の活気ある表情が、若干のトーンを変えることにより、柔和になって再出現しました。

四月に発令された緊急事態宣言で「銀座」には誰もいなくなりました。こんな日が来ることになるとは。これからどうなってしまうのか、誰にも予測のつかない時代に突入したのでした。もちろん森岡書店も休業となり、そのため急遽《きゆうきよ》オンラインで販売できるよう右往左往しながら準備を整えました。六月の第一週になると、予約制で店舗を再開し、ようやく「銀座」の店頭で「銀座」の写真集を販売することができました。銀座は、コロナ禍の影響を最も大きく受けている地域になり、銀座一丁目・二丁目の東側だけでも、飲食店やギャラリーなど、閉店を決断したお店がありました。その数は少なくなく、実は、私も撤退を考えていました。

写真①〜⑫はすべて伊藤昊撮影

コロナ禍のリアル

二〇二〇年三月。感染が拡大していく様子が刻々と伝えられるにつれ、あたりまえのことではありますが、弊社の企画はどんどん中止になっていきました。四月八日からは、政府から発令された緊急事態宣言および東京都の休業要請にもとづき、街のあちこちのお店が臨時休業になり、通りを歩く人もいなくなりました。もちろんリアル店舗では売上の立ちようがありません。それ以降は、緊急事態宣言と休業要請に対する補償として、弊店にも経済産業省や東京都から給付金が出ることになり、各種申請の準備に奔走する日々がはじまりました。給付金の手続きには、会社の登記事項証明書と前年の確定申告書類の控えが必要なため、九段下の法務局には幾度も出向きました。専用のカードを入れると短時間で手続きが完了する自動発行機の前は長蛇の列。感染拡大による売上減少の資料を作成し、もらえる給付金を調べ、やれることを全力でやる状況が続きました。日本政策金融公庫の通称コロナ禍特別貸付と、中央区が区内の事業者向けに創設したコロナ特別融資を保証する制度に関しても、窓口で相談を重ねていました。

一方、いつまでコロナ禍が続くのか、六月になってもまったく先行き不透明な状況でもあり、借り入れたとしても返済のめどがたつのか、今後の森岡書店のあり方を考えざるを得ませんでした。「一冊の本を売る書店」の特徴は、オンライン販売が隆盛をきわめる時代にあって、なお、店頭販売に新奇性を加えた点にあったと考えられるでしょう。展覧会ごとに催していたトークイベントはコロナ禍で完全に潰れました。銀座という立地は、まさにコロナ禍の影響を受けやすい。このまま営業のできない日々が続いたとして、鈴木ビルの家賃や人件費等固定費をいつまで支払うことが可能か。それを試算すると、半年後の十二月には資金が底をつくことがすぐにわかりました。撤退を決断するとしたらその四か月前の八月。存続のための金策に奔走する自分と、撤退の決断が脳裏をよぎる自分。おそらく、多くの小売り事業者がこのように二者がせめぎ合う心理状況だったのではないでしょうか。コロナ禍がはじまったころ、銀座の路上にいる占い師の方に、森岡書店の今後を占ってもらったところ、「世界中まったくどうなるかわからない」と言われました。いずれ徳政令のようなものが発令されて、今回の借金は帳消しになるはずだという意見も流布していて、それを信用したくなるような心境でした。「今のうちに、借りられるだけ借りる」と言ったりする人もいて、人心を惑わすような流言飛語も飛び交っていました。

加えて、先述した伊藤昊の写真集の在庫をどう販売していくかが課題となっていました。二〇二〇年の東京オリンピック開催に合わせて出版した写真集でしたが、その開催も延期が決定。もちろん、この写真集を取り上げてくださったメディアはたくさんありましたし、オンライン販売で購入してくださったお客様もたくさんいました。ただ東京オリンピック開催中に毎日営業し、且つ他の書店に卸しも行って、この写真集を販売する予定で部数を決めていたので、けっこうな在庫をかかえることになりました。それに追い打ちをかけるような事件も発生。ある日、「この写真集を百万円分買いたい」というお客様が現れました。これまでも、ときどき足を運んでは本を買ってくださっていたYさん。「写真集の内容に胸を打たれた。周囲の人々に配りたい」ともおっしゃってくださり、翌日には、弊社の銀行口座にYさんの名義で百万円がどんと入金されました。私はその数字を見たとき、こう思いました。「この写真集をつくって本当に良かった」。しかし、それから一か月くらい経ったころでしょうか、Yさんが再びご来店。そしてこう言ったのです。「コロナで事業が暗礁に乗り上げた。Y百万円は返金してほしい……」。そのときYさんの目からは涙が出ていました。後日、

また ご来店くださった際には「代わりと言ってはなんだけど、千葉でとれたての有機野菜を置いていく」というのです。私は、いただいた人参《にんじん》を生でかじりました。そのとき、（あれ、これは後になったら、絶対おもしろい話になる）と、なんとか前向きになろうとしました。

店舗存続のために金策に奔走する自分と、撤退の決断が脳裏をよぎる自分。矛盾した方向に向かって取り組みを進めているような日々。今にして思えば、これがコロナ禍スタート時の不安の根源でした。Ｙさんには、速やかに、百万円を返金する手続きを行いました。

自分と同じ世代で、同じく店舗を運営しているある方とは、最終的に資金がやばくなったらどうするかを考えて、究極は掟破《おきてやぶ》りの無心だろうという話をしました。ではいったい誰に無心するのか……。「すみません、すこしだけお金を貸してください」と言われる人はどんな気持ちになるというのでしょうか。誰にそれを言いに行くかを想像して、これまでも苦楽を共にしてきた、吉祥寺でやはり店舗を運営している方の顔が、脳裏をよぎりました。

一方で、この時期、原稿執筆の仕事が増加していきました。まったくの偶然ですが、コロナ禍のはじまりと同時に資生堂「ウェブ花椿」での連載「現代銀座考」がはじまりました。不安のなかで銀座のことをどう書くか。もちろん原稿料を定期的にいただけるという点は大きく、それが気持ちと経営の支えになっていました。はからずもコロナ禍の銀座を書くことになって、私は、今こそ、より銀座の良い面を捉えようと思いました。これまでも、銀座の街は明治の大火や関東大震災、空襲、と壊滅的打撃を受けたわけですが、その度、立ち上がってきたという事実があります。その要諦は何かあるに違いない。コロナ禍をどのように乗りきっていくかを通して、それを探ってみたいと考えました。

このリサーチの過程で、二〇二二年は、不二家発祥説を参照すると、スポンジ×生クリーム×フルーツの日本型ショートケーキが誕生してちょうど百年になることがわかりました。子供のころからずっと大好きなショートケーキ。コロナ禍の難しい状況下ではありますが、百周年の記念の年をお祝いしたいと考えました。そう言えば、誕生日や結婚式などショートケーキはずっと私たちをお祝いしてくれる存在だったということにも気づきました。お店ごとにかたちや生クリーム、スポンジが少しずつ違うから、差異を確認するのも醍醐味《だいごみ》です。欧米のお菓子に憧れて、細部まで分析して追求した結果、違うものになっていった。銀座の街にはそのようなショートケーキがたくさんあります。遠くに行くことを控える時期でもありますし、ショートケーキをエ

ッセイに書いて一冊の本にしようという企画が立ち上がりました。

またこの頃、本書の装画も描いてくださったイラストレーターの山口洋佑《やまぐちようすけ》さんと数年来あたためてきた絵本『ライオンごうのたび』（あかね書房）を出版する計画も、実現に向けて大きく進行しました。これは、もとはといえば、長女が小学校に入学するときに、長女のためにつくった話がベースになっています。私は、小学校、中学校、高校と、あまり楽しんで学習はしていませんでした。テストのための仕方ない勉強だったり、いやいやながらの宿題だったり。学校の勉強の意味がわかったのは、ずいぶん大人になってからでした。世界は不思議なことにあふれていて、謎を探っているうちに、算数や理科、歴史などができていったのではないか。もう少し、はやくこの視点に気づいていたら、つまらないと思っていた勉強が、おもしろくなったにちがいない。そんな風に考えながら、つくったショートストーリー。コロナ禍がはじまって、家庭内で読む絵本のニーズが増したため、この時期に実現したのかもしれません。

こうして振り返ると、自分は、書く仕事を通してコロナ禍を乗りきっていこうとしたとも言えます。いや、書く仕事を自分に発注することによって、コロナ禍の森岡書店をなんとか存続させようと思ってくださった方々がいたと言った方が正確でしょう。

いまはそのことに深く感謝を申し上げるほかありません。この『銀座で一番小さな書店』を連載として書くことになったのも、かつて出版した『荒野の古本屋』がコロナ禍のタイミングで小学館文庫に入ったことによります。

雑誌やSNS上では、室内での生活をより豊かにするため、或いは、今後のあり方を考えるため、本を紹介しあう光景をよく見かけるようになりました。ギリギリの場面になって本が脚光を浴びていることに、本を扱う者として勇気づけられました。私の場合は、ある雑誌から「無人島で見る映画と読む本」というお題をいただき、以下のように返答しました。

無人島での映画と本を考えて、今まで一番影響を受けた作品が良いと思いました。またこれからのヒントがあると思って。先日、イタリアンアメリカンのレストランがオープンした話を聞いた時、イタリアンアメリカンって何って話になりました。そこで思い出したのが『ゴッドファーザー』のワンシーン。「主人公がレストランで同席者を撃った場面、ガラス窓にはイタリアンアメリカンって書いてあった」と。「本当か」となり、YouTubeを見たら本当でした。それには自分も驚いて、こう思いました。「俺の心にはゴッドファーザーが刻まれている」。

本で一番影響を受けたのは何でしょうか。「小説ってすごい」と最初に思ったのは村上春樹の『世界の終りとハードボイルド・ワンダーランド』だったから、きっとそうだろう。二十五年ほど本屋をしているのは、本が好きだからで、そのスタート付近にあった本。言葉は自由だと思ったものです。二つの作品の共通点は何だろう。そこにこれからのヒントがありそうな気がしてきました。

後日、この誌面を読んでくださったお客様のJさんが、「二つの作品の共通点は、やはり、スーツ・シャツ・ネクタイではないですか」と言いました。そして「コロナ禍だけれども、スーツ・シャツ・ネクタイをとりあえず毎日身に付けてみたらどうですか」とも。私は、その話をきいたとき、こう思いました。「そうかもしれない」と。そして素直に信用して取り入れてみることにしました。Jさんは茅場町に店舗があったころからのお客様でした。それから何度かは、スーツ・シャツ・ネクタイを着用してみました。すると……。ここから何かコロナ禍の次が見えてきたかというとそんなことはありませんでしたが、夜中、誰もいない銀座をスーツ・シャツ・ネクタイで歩いていたとき、明治の大火や関東大震災、敗戦の後も、この先どうなるのかと思ってこの道を歩いた人がいたことを実感しました。

「許す」とは何か

前述したように、コロナ禍のなかの一つの取り組みとして、「ショートケーキ」に関してのエッセイ集を書くという仕事が生じました。調べてみると、すでに明治時代には「ショートケーキ」の作り方が料理本のなかで紹介されていました。ただ、現在、私たちがイメージするような、生クリームとスポンジとフルーツという「ショートケーキ」となると、一九二二年か一九二三年頃に出現したとする資料が有力で、つまり日本式ショートケーキ百周年となります。そのお祝いをするようなイメージで企画が進行しました。

コロナ禍は都道府県をまたいでの移動を控えることが求められた時期でもありました。銀座のなかにあるもの、或いは、銀座の周辺にあるものとしての「ショートケーキ」は、この時期ならではのリサーチ対象になりました。帝国ホテルやオークラ、ペニンシュラやリッツ・カールトン、資生堂パーラーや和光。各々のショートケーキをたずね歩く過程でわかったのは、どれ一つとして同じかたちはなく、少しずつ味も違っているということでした。また、その分野で最高のものはけっこう高額ですが、ショートケーキなら最高のものでも数千円の金額と引き替えに手に入れられるという気づきもありました。最高のショートケーキを口にしたいと思うなら、比較的簡単に叶《かな》う。コロナ禍の対応で大変なことが続いていたなかにあって、不安を受けとめるのに最適なものがショートケーキだったのかもしれません。味覚が異様に研ぎ澄まされていたようにも思います。

本のタイトルは『ショートケーキを許す』（雷鳥社）にしました。出版日は二〇二三年一月二十二日。毎月二十二日はショートケーキの日なのでこの日になりました。出版してみたところ、『ショートケーキを許す』の「許す」とは何だ、という質問をけっこうたくさん受けました。その理由には以下のような背景があります。

かつてフジテレビでアナウンサーをしていた小島奈津子さんが、何かの番組で、「恋が愛になり、愛が怒りになり、怒りが憎しみになり、憎しみが諦めになり、諦めが許しになる」というようなことを述べていました。これはきっと重要な観点に違いない。そう思った私は、咄嗟《とっさ》にこの言葉をメモしました。そして時を経て、私はショートケーキが好きなのだから、いずれこの道のみを辿《たど》ってしかるべきなのではないかというイメージが思い浮かんだのでした。

このように答えていたら、さらに踏み込んで質問してくださる方がいました。では「愛とは何か」「許すとは何か」というのです。どちらも古今東西の哲学や文学がテーマにしてきたような問題で、正しいというような答えはないでしょう。「愛とは何か」という質問に対しては、取りも直さず、「様々な妄想」の章で自分なりに考察したことを述べました。

では「許すとは何か」と訊かれたならどう答えたのか。「許す」にも忘れられない思い出があります。広島を旅行したときのことです。広島空港からバスで広島市街に入り、窓から原爆ドームが見えたとき、悲しみというか恐怖というか、決して一筋縄ではいかない歴史というか、そのようなものがない交ぜになり、一瞬のうちに涙が出たことがありました。また以前、弊店で、立花文穂《たちばなふみお》さんの『傘下』を販売したことがありました。『傘下』は、立花さんの父親が製本した原爆死没者名簿についての取材を中心に、立花さんが、生まれた広島と生活する東京を長年にわたって撮影してきた写真が掲載された書籍です。この中に収録された兄の立花英久《ひでひさ》さんの小説に、確か、投下の標的となった相生橋《あいおいばし》がT字形になっていて、それがターゲットのTのようだと書いてあった記憶がありました。相生橋を渡っているときにこの本のことが頭に浮かんできました。『傘下』は想像を絶する「惨禍」でもあります。

その後、ずっと訪れてみたいと思っていた世界平和記念聖堂（広島市中区幟町《のぼりちょう》）に行きました。そこで「許す」に関して、自分にとっては忘れられない出来事があったのです。世界平和記念聖堂は建築家の村野藤吾《むらのとうご》の設計なので、最初はその建築を見るのが目的でした。外観からして事前に画像で見ていた通り、村野藤吾らしい直線と曲線が目に入りました。誰もいないエントランスを中に入ると、心境が一変しました。私は知らなかったのです。ここの正面の壁にあるモザイクのキリスト像は、原爆の光で切り裂かれているように描かれているということを。キリスト教については、個人によって様々な見解があるでしょうが、私の場合は基本的に次のように理解しています。人間には、怒り憎しみ妬み恨みといったマイナスの気持ちがあるが、もしそのような気持ちが芽生えたなら、すでにキリストがそれらをすべて背負って罪に処されているのだから自分自身は捨てよう、と。

ちなみに、これは信仰からくるものではないと思います。思います、というのは、私の名前は「督行《よしゆき》」ですが、最初は「善行」という漢字でした。善い行いをする人、というシンプルな意味だったのですが、地域の霊能者（イタコのような人で、神様あるいはホーエン様と呼ばれていました）が、こっちの漢字の方がいいということで「督行」となりました。「督」は「基督《キリスト》」の「督」でもあります。教徒でないとはいえ、小さいころからどこかこのことが頭にありました。

このかぎりにおいてではありますが、私はキリスト教のおしえに共感しています。ただこのとき、一つの疑問が生じました。それは、広島に原子爆弾が落とされたということをどう考えれば良いのかということです。いや、具体的に言うなら、原子爆弾を落とす判断をした人が許されるのか、となります。目の前のキリスト像は確かに原子爆弾が放った光線で切り裂かれているのです。私は、すぐそばにいた教会の関係者の方にこのことについて質問してみました。するとその人はこう言いました。「私達は子供のころ、許すよう教えてもらっています」。そのとき私には衝撃が走ったといっても過言ではありません。つまり原子爆弾を落とすという判断をした人を「許す」というのです。「許す」とは深い……。

教会をあとにしてからこうも考えてみました。例えば、先の戦争には、バターン死の行進だったり、インパール作戦だったり、731部隊だったり、伝えられているかぎりにおいての最悪がある。これを「許す」という観点から考えるとどうなるのか。「許される」のか……。このように『ショートケーキを許す』というタイトルから太平洋戦争がテーマになった問題に考えが及んだこともありました。

坂本龍一さんの訃報が伝えられたのは、二〇二三年四月二日でした。私は、例えば、九年前に森岡書店銀座店の方針を考えているときや、実際に鈴木ビルの壁に白いペンキを塗っているときなど、「戦場のメリークリスマス」をきいていました。オリジナル版だったり、ピアノ版だったり、オーケストラだったり。もしかしたら毎日のように坂本龍一さんのつくった音楽の何かをきいているかもしれません。つまり坂本龍一さんのいちファンです。だから、森岡書店銀座店のまえに車が横付けされ、そこから坂本龍一さんが降りて店内に入ってきたときは、ただただ驚きました。坂本龍一さんはこう言いました。「あなたのことを知っている」。私はさらに驚くほかありませんでした。そして私は咄嗟にこう言ったのです。「本本堂で出版する予定だったけれど、出版できなかった本を、出版したいです」。本本堂というのは坂本龍一さんがかつて起こした出版社です。朝日出版社から出ていた『週刊本』というシリーズの中の一冊に、『本本堂未刊行図書目録』があり、そこにはこれから刊行が予定されている本本堂の書籍のタイトルが記されていました。後で調べてみると一九八四年十一月一日発行で、坂本龍一さんは当時三十二歳。以前、この本を手に取ったとき、そうしたいと思ったことがありそれが頭にあったのです。坂本龍一さんは名刺をくださりました。

このことがあって、私は、ニューヨークに坂本龍一さんを訪ねてゆきました。二〇一九年の十月の出来事。坂本龍一さんはお忙しいなかにあって、グランドセントラル駅近くのレストラン「Kokage」で時間をつくってくださりました。そこで十九時ちょうどにお会いして席に着くやいなや、およそ三時間、或いは四時間だったかもしれません、いずれにしても、メニューを見て注文することも忘れて、話をさせていただきました。『本本堂未刊行図書目録』の件はもとより、坂本龍一さんの蔵書や普段使っているうつわなどについても。この坂本さんの身近なものについては、また別企画で、撮影して写真集のようなかたちで出したいという思いがそこで芽生えました。ちなみにこのヴィジョンは、その後、次のように自分の中でふくらんでいきました。すなわち、坂本龍一さんの父親は河出書房の編集者の坂本一亀《かずき》さんで、三島由紀夫の担当者だった。『仮面の告白』は一亀さんの手によって編集された。つまり、考えようによっては、一亀さんから二人の巨匠が生まれた。三島由紀夫の美意識を体現したのが写真集『薔薇刑《ばらけい》』だとすれば、一方の坂本龍一さんの美意識を写真集として体現したものがあってもいいと。

話をもとに戻すと、私がもっともお聞きしたかったのは、「戦場のメリークリスマス」の旋律の解釈でした。勝手な思い込みではありますが、私は、「戦場のメリークリスマス」の旋律を以下のように感じていて、そのように伝えました。「一九四一年の太平洋戦争がはじまる前後、情報が統制され、プロパガンダがなされた状況下にあって、日本人の多く、特に学生は、この戦争は、アジアの諸地域を解放するための戦争だと信じていたのではないだろうか。その上で、ある意味誤解を恐れずに言うと、『理想』が崩れていった将校の悲しみ、現実を受け入れる諦めのようなもの、それが音楽にあるのではないだろうか」。

坂本龍一さんは「そうおもうよね」と言いました。それが自分の見解を認めてくださったことかというと必ずしもそうではないでしょう。きっと一つの意見として聞いてくださったのだと思います。またもちろん当時の体制を是認しているということではありません。ただそこから、日本の近現代史の話になっていきました。会食後、とにかく日本に帰って企画書をまとめてお送りするので、まずは一冊の本にして、それを弊店で販売したいと私は言いました。

その直後にコロナ禍がはじまり、坂本龍一さんは闘病生活に入りました。森岡書店がコロナ禍のはじまりに伊藤昊の写真集を出版したときは、ニューヨークの坂本龍一さんに送本しました。ほどなくして「がんばってのりきろう」というメールをいただきました。坂本龍一さんと話をしたことの一つでも実現したいという希望は絶えません。一瞬でもお会いできて、お話しさせていただき光栄でした。この日のニューヨークでの出来事を忘れることはないでしょう。

私も泣きました

新潮社で「工芸青花《せいか》」という工芸についての雑誌が創刊されたのは二〇一四年でした。創刊される前、編集長の菅野康晴《すがのやすはる》さんと雑誌の方針について話す機会があり、きけば雑誌と言っても一冊一万円前後の価格で、会員制での販売を主とするという、あまり類例のない取り組みになるということでした。おそらく、この企画に対して、すでに無謀という声があがっていたのかもしれません。それは雑誌が売れにくくなった時代にあって当然の意見でしょう。しかし一方で、「これはすごい」とおもう自分がいました。真っ先に柳宗悦《やなぎむねよし》が一九三一年に創刊した「工藝」を思い出しました。一誠堂書店に勤務していたとき、高額な古書価格にもかかわらず、「工藝」を求める人は確実にいました。だから現代でも、このような種類の雑誌を作ったなら、きっと喜んで賛同してくれる方はいるに違いない。書店にもこの本が並び、それをお客様が手に取ってレジに運ぶ光景が浮かびました。

程なくして、菅野さんはこの企画を実行に移しました。そしてなんと私はこの雑誌の編集委員になったのです。編集委員といっても、ときどき会合が持たれては誌面への意見を述べたり、会食をしたりという相談役のような立場でしたが、いち工芸ファンとして、そのことが嬉《うれ》しく、また光栄なことにおもえました。

だから、何らかのかたちで、私自身も、現代の「工芸」に役立つ仕事がしたいと考えるようになっていきました。そんなおり、東京・西麻布のギャラリー「桃居《とうきょ》」に木工デザイナーの三谷龍二《みたにりゅうじ》さんの展示を見に行った際、店主の広瀬一郎さんが「〝生活工芸美術館〟というものがあるといい」ということをおしゃっていました。「生活工芸」の器や考え方が大好きだった私は「その通りだ」と膝を打ちました。ここから「生活工芸美術館」を実現するための活動が、普段の森岡書店の仕事と並行してはじまりました。今回はそのことを振り返ってみたいとおもいます。

そもそも「生活工芸美術館」の「生活工芸」とは、二〇〇〇年前後にはじまった工芸のムーブメントですが、五つの特徴があると私は考えています。

一つ目の特徴は、シンプルで使いやすい工芸ということです。そこには、その前のバブル期におこった大きくて抽象的な工芸への疑問がありました。使うことのできない工芸ではなく、あくまで使うことができる工芸を作ろうという意識がありました。デザインに「たす」と「ひく」があるとすれば、より、「ひく」のデザインが好まれ、また工業製品にはない手の痕跡が感じられました。三谷龍二さん、安藤雅信《あんどうまさのぶ》さん（陶芸）、辻和美《つじかずみ》さん（ガラス）、内田鋼一《うちだこういち》さん（陶芸）たちの仕事が「生活工芸」をあらわすと考えられました。

二つ目の特徴は、日本の狭い住環境での時間と空間をより良いものにしたいと考えたことです。考えようによっては、人生は道具を使うことの連続です。道具を使う時間に意味があれば、置かれる空間が美しければ、一生の質を向上することに繋がると言うこともできます。そのため、食はもちろん、音楽や香り、絵画や彫刻、服や靴、花やアクセサリー、生活にまつわる全てのものに目が向けられることになりました。それらが納まる空間としての建築、すなわち家ももちろん大切な要素となりました。なかでも照明の明るさをどれくらいにするか。蛍光灯はあまり用いず間接照明のバランスで明るさを調整することが私には大切におもえました。

三つ目の特徴は、女性からの支持を多く得たことです。ややもすると、それまでの工芸は、男性の目線で作られたり、語られたりすることが多かったのではないでしょうか。「生活工芸」は「売り手」たるギャラリーの展示会（実物）を通して、「使い手」たるスタイリストの提案が見本として掲載された雑誌（イメージ）を通して、日本だけでなく、海外にも支持が広がりました。「生活工芸」の広がりは、SNSが世に浸透する時期と重なったことが大きく影響しました。個人が顔を持った時代の特徴として、個人が工芸や展覧会を紹介しました。その役割をどちらかというと女性が先導したと見てとれます。また、デジタル化の加速が、それとは対極にある手仕事の素晴らしさを見直すきっかけになったとも考えられます。

四つ目の特徴は、二十一世紀になって十年が経とうとした頃、「生活工芸」の思想を探ろうという動きが起きたことです。思想とは、言語化された考え方という意味でしょう。そのなかに、年月を経て使われてきた工芸が持つ美しさ、またその背後に生じた物語、この二点をより大切にしていこうという意見がありました。「生活工芸」の経年変化は、素材が自然に戻る過程のようにも見えたりします。作り手が作った器を、使い手が使うことによって、そこに思いや、思い出が織り込まれ、より大切なものになっていく。

また明治期以降の美術と工芸の関係も大切なテーマになりました。美術と工芸に上下関係があったとして、現状、それをどう考えるかという議論がなされました。

五つ目の特徴は、「生活工芸」の作家は「古道具坂田」から影響を受けたということです。かつて東京・目白にあった古道具坂田には、その販売物の内容から三つの時代区分があるとされますが、通底する考え方が、「as it is」＝「あるがまま」にあると私は考えています。つまりは日常の暮らしのなかにある機能的な美しさとその経年変化。「生活工芸」のかたちのイデア（原型）の一端が古道具坂田にあったと考えられます。また古道具坂田の店内の照明の明るさについても「芸術新潮」で言及されたりしました。

ちなみに、「as it is」＝「あるがまま」は柳宗悦が一九五二年に英国で仏教美術について講義した際、その基本思想を伝えるために使った言葉と捉えることができるでしょう。故にここに「生活工芸」と仏教的宗教哲学との間接的な接点を見てとることができはします。しかし私見では、「生活工芸」が古道具坂田から受けた影響は、坂田さんの「もの選び」の規準の方がより大きかったのではないかと思います。「生活工芸」と「民藝」の違いは、「民藝」には柳宗悦の仏教的宗教哲学が根底にあるが、「生活工芸」にはそれがありません。むしろ、「生活工芸」は、抽象ではなく具体を求めました。あえて仏教的宗教哲学に触れない、現実は超えない。そしてこのことが、後に大きな議論を生む下地となっていきました。

ここにあげた五つの特徴を、あらためて確認すると、「生活工芸」とは、一つの匙《さじ》をつくりたい、一つの器を使いたい、というおもいからはじまった生活空間の刷新だったと言えるのではないでしょうか。小さな匙一つを見直したことが、全体を見直す契機となりました。そこには、生活空間が変化していく明るさがあったでしょう。また、一つの匙、一つの器の先には、それをともにする人がいるのは確かなこと。つまり、「生活工芸」の延長線上に、夫婦像、家族像、職業像、社会像が自《おの》ずと浮かび上がってきました。

このような「生活工芸」には、博物館や美術館で展示されている作品とはまた別の趣があると私は考えました。それを、ある一定期間、もとある場所からお借りして展示する。また、そのような「生活工芸」には、使っている人のエピソードがある場合が多いので、それも言語化して付す。そして、期間が過ぎれば、もとあった場所に戻し、以前のように使用する。これが「生活工芸美術館」の内容でした。つまり、家庭やレストランには、「生活工芸」が、人知れず収蔵されている。それを美術品として捉えて展示する。そうすることにより、その時代の現在進行形で続いている工芸の姿を伝える場になると考えました。

この生活工芸美術館構想を機会がある度に提案していたところ、ある大手企業の方々が関心を持ってくださり、都内一等地に建設する超高層ビル内で実現する方向で話が進んでいきました。そして驚くべきことに、そこは公園に面した一階の天井高が十メートル弱もある空間。ここを無償で使用して良いという判断がくだされたのです。無償というのは家賃がゼロということ。それほどにこちらの企画が評価されたのでした。こうなったからには全力投球で臨むほかありません。そこから空間内にもう一つ小屋を建ててそこを展示空間にしようというヴィジョンが生まれました。

家賃はゼロと言っても、建設費用や運営費用やその他もろもろの費用は株式会社森岡書店が持つというのが実状でした。入場料をいくらに設定して一日何人のお客様が来場してくれるか、合わせて開催できるだろう販売会の収益、トークイベントの収益、それらを概算して、展覧会構成にかかる費用や人件費や光熱費などの費用も概算して、実行可能な数字を検証していきました。その大手企業の方々とは、打ち合わせを重ねに重ねました。

しかし、この計画は結局実行に移すことはありませんでした。理由は、銀行から新規で融資を受けたとしても、その見込み額は、必要とする額に及ばないことがわかっていたからです。いや、お金が足りないなら、クラウドファンディングなどの手があったはずです。でもそうする勇気が出なかったのは、最終的には自分の「力不足」としか言いようがありません。

二〇一九年の春のある日、大手町の超高層ビルの一室にスーツを着用して出向いた私は、これまで打ち合わせを重ねてきた担当者に「できない」むねを口頭で伝えました。その間、数分。担当の方は泣いていました。私も泣きました。東京の街が広がる窓の先には、生活工芸美術館を実現しようとした建設中のビルが見えていたのです。

ソール・ライターのニューヨーク

今にしておもえば、少年だったころ、私はニューヨークに憧れがありました。一九七四年生まれなので、居間の中心にはテレビがあり、それを家族一緒に見ていた時代。最も親しんだテレビ番組に「アメリカ横断ウルトラクイズ」がありました。同世代なら、見たという方も多いのではないでしょうか。クイズをしながらアメリカを旅してまわり、最後の決勝戦の地がニューヨークという、年に一回の特別な企画。とりわけ、決勝戦に挑む二人が、ヘリでマンハッタン上空を旋回して会場に向かうシーンに目が釘付け《くぎづ》けになりました。エンパイアステートビルや貿易センタービルをはじめとする摩天楼がテレビに映し出され、アナウンサーの福留功男《ふくとめのりお》さんは、確かに、「マンハッタン」と言っていました。そのとき私はこうおもいました。「ここはマンハッタンというのか」と。そして「いつか俺もここに行ってみたい」とも。親しんだというよりも、一つの夢だったのかもしれません。自分がウルトラクイズで決勝の舞台に立ち、最後の問題に正解して優勝するシーンを繰り返し練習したりもしました。現在でも、気づいたら、YouTubeでこのシーンを見ている自分がいます。後に、エンパイアステートは何という意味かと思って調べたら、「帝国州」で、ニューヨーク州の異名とありました。

その頃、地元の山形県寒河江市には十字屋という百貨店のような商業施設がありました。テナントの玩具店では、ジグソーパズルがけっこうたくさん売っていて、ある日、そのなかに、夕陽《ゆうひ》に照らされるニューヨークのビル群をモチーフにしたものを目にしました。「これもあのニューヨークか」とおもった私は、躊躇《ちゆうちよ》なく小遣いでそれを買い求め、自宅の部屋で組み立てはじめました。国語や算数の宿題をしたあとこのパズルに取り組む。ビル群の細部が徐々に明らかになっていく。その過程が一日の楽しみとなっていったのです。このようにして私のなかにニューヨークのスカイラインがインストールされていきました。そういえば中学生のころはノートの余白にそのシルエットを描いてもいました。

実際にニューヨークに行く機会が訪れたのは四十歳を過ぎてからでした。木工デザイナーの三谷龍二さんの展覧会が、ニューヨークのギャラリー・ナラタナラタで開催されることになったためです。前述したように、私は、三谷さんたちが提唱する「生活工芸」に共鳴し、それが可視化される「美術館」を構想していたので、展覧会に行くことにしました。また銀座の弊店に坂本龍一さんがご来店くださったことも一つのきっかけとなりました。坂本龍一さんに企画の相談をしにニューヨークに行きたいとおもった、いや、坂本龍一さんとニューヨークでお会いしてみたいと願ったと言った方が正確でしょう。それからもう一つ。美術家の杉本博司さんが主宰する「杉本文楽」を観劇したいというおもいを抱いていました。そして観るなら、ニューヨークでの公演を、と熱望していたのです。それが不思議な縁で結びつき、二〇一九年の十月のある日にこの三つの体験を一度にすることになりました。その日、私は、一時間でも長くニューヨークに滞在したいと願ったものです。しかし、その後、コロナ禍に突入したため、ニューヨークに行く機会は、もちろん消失したわけですが。

再びニューヨークとの縁がつながったのは、二〇二二年秋でした。翌年に写真家のソール・ライターの展覧会が予定されていて、森岡書店として、何か関連企画ができないかというお声がけをいただいたのです。

一九二三年に生まれて、二〇一三年に鬼籍に入ったソール・ライターは、その人生の多くをニューヨークに暮らしニューヨークを撮り続けた写真家。雪の日の傘や、雨のなかのタクシー、ショーウィンドーの反射など、ニューヨークの日常にある色に敏感に反応していました。ライター自身がそう望んだ通り、まったく無名の写真家として過ごしていましたが、晩年の二〇〇六年、ドイツのシュタイデル社から初の写真集『Early Color』が出版されたことがきっかけに脚光を浴び、日本でも渋谷のBunkamuraザ・ミュージアムで写真展が二度開催され、大きな反響があがっていました。

私は、ソール・ライターとほんの少し接点がありました。ソール・ライターの日本での初の写真展の開催を前に、ドキュメンタリー映画「写真家ソール・ライター 急がない人生で見つけた13のこと」が日本で公開されることになりました。その直前、広報を担当している方が、当時、茅場町にあった森岡書店に訪ねて来てくださり、次のようなことを言いました。

「これからソール・ライターのプロモーションを行うのだけれども、日本でソール・ライターについて何か記述しているのは、森岡さんだけでした」

確かに、あるオンラインメディアで、「珈琲に合う写真集」というテーマで執筆したとき、シュタイデル社による初の写真集を取り上げたことがあったのです。しかし、だからといって、ソール・ライターのことを詳しく知っていたわけではなく、写真の色とか、写っている光景とか、それを見ながら珈琲を飲んだら、珈琲を飲む時間がより素敵になるだろうという気軽な観点から書いた原稿でした（後で調べたら、一九七〇年代に日本のカメラ雑誌でソール・ライターのことに触れた記事があるとのことでした）。

いずれにしても、関連企画として、真っ先に脳裏に浮かんだのは、ソール・ライターが所有していた日本関係の蔵書でした。これらの本について『ソール・ライターのすべて』（青幻舎）に記述があり、かつてこの写真集を開いたとき、「いったいどのような本があるのだろう」と思ったことがあったのです。それを可視化する展覧会も実現したら喜んでくれる人は多いにちがいない。また森岡書店という「書店」が行う関連企画としてもぴったりだろう。ソール・ライター財団にどんな日本関係の蔵書があるのか確認してもらうと、『HOKUSAI』『SOTATSU』などの本が確実に保管されていることが判明しました。ニューヨークを訪ねて、具体的にどんな本がどれだけあるかを確かめるのに迷いはありませんでした。

加えて、森岡書店は「一冊の本から派生する展覧会をしながら、その本を販売する」というスタイルの書店でもあるので、ソール・ライターの蔵書にあわせて、それにまつわる展示も行いたいと考えました。そこで、次の二つの展示案をイメージしました。

一つは、画家の平松麻《ひらまつあさ》さんにソール・ライターの作品や言葉をモチーフに絵画を描いてもらう案。『ソール・ライターのすべて』を見ると、写真の他にライター自身が描いた絵画が掲載されていて、その作風が、平松さんの絵画に通じるものがありました。それだけではなく、私が見るところでは、ソール・ライターの言葉や生き方には、禅の考え方を表象した「十牛図《じゅうぎゅうず》」に近いものがありました。「十牛図」を換言すると、私たちが彼岸と此岸《しがん》の二元の世界を生きるなら、此岸に生きることにこそ理想があるということでしょう。ソール・ライターは、パートナーだったソームズとの暮らしにこそ大切さを見出《みいだ》し、ある時期からはソームズに見せるために写真を撮り、絵を描いたとも考えられます。それが現実の世界に戻ってくる「十牛図」の世界観に近いと感じていましたが、取りも直さず、平松さんが絵で表していることの一つも、この「十牛図」の世界観にあると私は思っていました。

この点をふまえて、平松さんに出展を打診してみると、驚くべきことに、ソール・ライター生誕百年を記念してThames & Hudson社から出版予定の書籍のために、ソール・ライターの絵画について、すでに六千字のテキストを執筆しているというのです。それは、映画「写真家ソール・ライター 急がない人生で見つけた13のこと」の日本語字幕翻訳を担当した、柴田元幸《しばたもとゆき》さんがセレクトし、それを受けた同社からの依頼でした。私はそれを聞いたとき、こう思いました。「これは運命にちがいない」と。

もう一つは、ソール・ライターのアトリエ兼住居の様子を撮った井津由美子《いづゆみこ》さんに、その写真を会場で展示してもらいたいと希望しました。井津さんは生前からソール・ライターと親交があり、イーストヴィレッジのアトリエ兼住居を、ソール・ライターが他界した三週間後からフィルムにおさめ、以後、二〇一九年まで断続的に撮影を続けていました。ソール・ライターが最も愛した場所にあったものの気配を、北向きの大きな窓から入る安定した光で撮った写真。そこには、ものだけでなく、ソール・ライターが大切にした人との時間が広がっているようです。蔵書と一緒に展示したい旨を打診すると、井津さんは快諾してくださりました。

こうして二〇二三年五月のある日、私は、ニューヨークのソール・ライターのアトリエ兼住居に向かって出発しました。目的は日本関係の蔵書の確認と、もし可能ならそれらを手荷物で持ち帰ること。それからもう一つ重要な仕事として、ソール・ライターのオリジナル・ヴィンテージプリントを販売したいと依頼することがありました。

羽田空港から約十二時間のフライトでニューヨークのJFK国際空港へ。そこからタクシーでマンハッタンのホテルへ。チェックインをして部屋に荷物を運んですこし休むと、すぐに、東十丁目のソール・ライターのアトリエ兼住居に徒歩で向かいました。途中、パークアヴェニューの通りの先にかつての「パンナムビル」が見えました。そう。そここそが「アメリカ横断ウルトラクイズ」の決勝戦の地。私はおもわず写真を撮りました。サードアヴェニューを下ってしばらくすると、ソール・ライターのアトリエ兼住居に到着。こうしてはじめてソール・ライター財団のマーギットさんとお会いすることができました。マーギットさんへのお土産として持参したのは、東京・吉祥寺のセレクトショップ「OUTBOUND《アウトバウンド》」で購入した山本あまよかしむさん作の孟宗《もうそう》竹皮箱。マーギットさんは喜んでくださり、そして次のように言いました。「日本関係の蔵書は、地下の倉庫にある」「七箱ある」と。私は迷路のようなアパートの通路を案内され地下倉庫の扉の前に立ちました。マーギットさんがその鍵をあけて扉を開くと、確かに、地下に通じる煉瓦《れんが》造りの階段がそこにありました。

地下倉庫に通じる扉のプレートには、確かに、「Basement」の文字が記されていて、その奥にあるだろう日本関係の蔵書に期待が高まりました。鍵を回して扉を開けて照明をつけると、見えてきたのは煉瓦造りの階段。おそらく相当古い時代につくられた階段なのでしょう。マーギットさんのあとについて、一歩一歩、慎重に降りていきました。というのも、このようなときに、はやる気持ちから、足を踏み外したり、腰を抜かすような事態になっては大変。数時間前までは飛行機にずっと座っていたわけだし、「注意しなくてはならない」と頭のなかにありました。地下倉庫にはロッカーがあり、それを開けると、数十箱の段ボールが収まっていました。このうち七箱が日本関係の蔵書。一番上の段ボールを開きたくなる衝動を抑え切れず、マーギットさんにことわって開けてみると、そこには、『光琳《こうりん》』の文字がくっきり印字された本が見えました。『光琳』の文字が見えたとき、私は、こう思いました。「これがソール・ライターの日本関係蔵書だ」。一刻も早く、全ての段ボールを上の階に運び上げ、開封したい気持ちを抑えて、まずはストレッチ。ここで腰を抜かしたら本当に大変です。念入りなストレッチをしてから段ボールを二階のアトリエまで運びました。

パークアヴェニューで撮影した一枚。一番奥に見えるのが旧パンナムビル

段ボールを運び上げて一休み。あらためてソール・ライターのアトリエを見渡してみると、事前に井津由美子さんが撮った写真集で見ていた通り、素晴らしい空間という他ありません。北側の大きな窓から入るどことなく青い光が、部屋のそこかしこにあるオブジェを照らしています。その光景を見た私は、もうずっと昔、二十年ほど前に、東京・目白の「古道具坂田」で、坂田和實《さかたかずみ》さんからきいた、ものには美しく見える光があるという話を一瞬思い出しました。もし私の記憶が正しければ、いま目の前を照らしている窓からの光は、古道具坂田の店内の光と、ある意味、同質でしょう。古道具坂田も北向きでした。暖炉のうえにある懐中時計のような時計は止まっていましたが、ソール・ライターが過ごした時間がそこには感じられました。意外なのは、壁面の装飾品のうち、写真が一枚しか飾られていないということ。飾られている多くはソール・ライター最愛のパートナーのソームズさんが描いた絵画とのこと。そこには三枚の浮世絵もありました。(礒田《いそだ》)湖龍斎《こりゆうさい》という絵師のものが二枚と、銘はないものの鈴木春信《すずきはるのぶ》らしき作風のものが一枚。写真はオブジェとオブジェの合間に挟まるように立て掛けてありましたが、この部屋の主役は、ソームズさんが描いた絵画だということが、ひしひしと伝わってきました。つまりそれほどソール・ライターはパートナーのソームズさんを慕っていたということでしょう。運び上げた段ボールを開け

北側に面した窓からの光が美しいソール・ライターのアトリエ

壁に飾られた絵画の数々。そこだけ時間が止まっているかのようだ

たいのは山々ですが、マーギットさんが帰宅する時間もあり、開封作業は明日の朝から行うことにしました。

二日目、朝、パークアヴェニューに出て旧パンナムビルを眺め、レキシントンアヴェニューからはクライスラービルの威容を眺めつつ、東十丁目のソール・ライターのアトリエに向かいました。ニューヨークは歩くだけでも気持ちがいいと言う人がいますが、その気持ちがわかります。はじめて山形から東京に来たとき、「すごい都会だ」と思ったように、いやそれ以上に、ニューヨークの街は、私のような一九三〇年代くらいに建った建築が好きな人間にとっては、建物の一つひとつに感動するという意味において、「ベースが違う」都会です。偶然にも、マーギットさんが、ちょうど渋谷ヒカリエの会場で使用するものと同じサイズのテーブルを用意してくださり、その上に、段ボールから本を出して並べていきました。いよいよ蔵書の全容を確認します。すると、俵屋宗達《たわらやそうたつ》と鈴木春信の本が何冊もあり、ソール・ライターは、その二人が好きだったということが伝わってきました。特筆すべきはサイン。英語の場合、左から右に書くべきところ、ソール・ライターは、ときおり、右から左、すなわち、鏡文字のようにサインや文字を本に書いていたのです。財団のもうひとりのマイケルさんにきけば、もともと由緒あるユダヤ教の聖職者の家系に生まれ、そうなることを期待されて神学校にも通っていて、十から十五カ国語は話せるような環境に身をおいて育ったとのこと。そうすると、ユダヤ教の教典はヘブライ語であり、ヘブライ語は右から左に書くから、ソール・ライターにとって鏡文字は、むしろ馴染《なじ》み深かったのかもしれません。ソール・ライターの写真作品には、ガラス越しに文字が反転している写真が多くありますが、その理由が見えたような気もしました。また、宗達についての本には「To Soames, To remember our trip to Japan in 1974」とソール・ライター自身が書いていて、それを見たマーギットさんは驚くように言いました。「彼は日本に行ったことがない。これは一つのユーモア」。ソール・ライターは本で日本をソームズさんと旅していたのです。この日は、本の全貌を確認し、渋谷ヒカリエの会場でどう陳列するかの見通しをつけて終了としました。

三日目、ソール・ライターは大の珈琲好きだったということが知られていますが、いったい、どこの珈琲を好きだったのか、そのことをマーギットさんに訊《たず》ねてみると、マーギットさんはこう言いました。「スターバックスコーヒー」。かつてアトリエの近所にあったスターバックスコーヒーによく行っていたというのです。イーストヴィレッジの街が発祥のコーヒーショップかと思いきや、スターバックスコーヒーとは意外な感じがしましたが、考えてみれば、自分もスターバックスコーヒーをよく利用していますし、リサイクルやフェアトレードにも取り組んでいる企業。それにソール・ライターは一九二三年生まれだから、スターバックスコーヒーがはじめて街にできたときの期待を体感した世代でもあるでしょう。珈琲の逸話として、マーギットさんは次のように話してくれました。「近所の教会の前のベンチにソール・ライターが腰掛けていると、ある哲学者が、こう質問しました。『もし天国にいったとして、一時間だけ、この世に帰ってくるとしたらどうしますか』。それに対して、ソール・ライターは、『一杯の珈琲を飲んで、一枚の絵を描いて、窓から景色を眺める』と答えた」。私はこの話をきいたとき、それほど珈琲を愛していたのだと思うと同時に、ありふれた普通の生活が理想だったのだと思いました。一方で自分自身ならどう答えるかなとも。

ある時期からソール・ライターの行動範囲は限られるようになり、東十丁目から上下五ブロックほどで完結していたそうです。ニューヨークの地理からすると、もちろん、これは南北の話。では東西はどの程度かといえば、東はファーストアヴェニューをよく散歩して撮影していたと聞きました。では西はというと、その点は聞き逃してしまったので、予想してみると、フィフスアヴェニューくらいまでだったのではないでしょうか。なぜなら、ソール・ライターがよく本を買っていたと考えられる、ストランド書店が十二丁目にあり、その近くには、フィフスアヴェニューに面したマディソンスクエアパークがあるからです。ストランド書店で買ったばかりの本をここの公園で開いていたとしても不思議ではありません。そこにはニューヨークを代表するようなビルである、フラットアイアンビルがあり、その色とかたちと、琳派や浮世絵の色とかたちを対比させたら、確かに、日本を旅するに等しいイメージの広がりがあったことでしょう。そんなこんなの想像をしながら本のリスト化をしたのが三日目でした。

四日目、午前、いよいよ、日本に向けて発送するため、段ボールに再梱包《こんぽう》します。この段階になってクレート（木枠）に入れて送る必要があることがわかりました。つまり予想以上に、というか想像以上に、送料が発生することがはっきりしたわけですが、こうなったからには後先考えずに、まず無事を最優先にクレートで日本に送ることを決めました。

午後、せっかくだからソール・ライターが本を買っていたストランド書店に歩いていってみました。アトリエからストランド書店までは七分ほどの距離。二階にあがると日本美術の棚があり、そこには、各種浮世絵の本もびっしり並んでいました。その棚の前に立った私はこう思いました。「ソール・ライターは、この書店で、この書棚を眺めていた」と。ストランド書店とアトリエの間には、大きな郵便局があることもわかりました。ソール・ライターの写真には、郵便局員やポストが写り込んでいるものがあり、おそらくこの付近でソール・ライターはシャッターを押す瞬間を待っていたのだろうとイメージが広がりました。

銀座から「あてのない旅」へ

　銀座で現存する最も古いビルは何かと考えを巡らせてみました。しかし、その前に、銀座はどこからどこまでを指すのかという話もありますでしょう。例えば、明治時代は、現在の銀座一丁目から四丁目のうち、三十間堀と外堀の内側の区画でしたし、昭和のはじめ頃には銀座八丁目まで拡大しましたし、戦後は木挽町が銀座に編入されたなど、時代ごとに銀座の範囲が違ってくるからです。いま自分が考えているのは、現在の住所表記で銀座となっている区画。同じ町丁（丁目）でも、昭和通りをはさんで東西に分かれる銀座。東の銀座と西の銀座は雰囲気が異なりますが、それも銀座の良い点なのではないかと考えています。東の銀座は旧木挽町の名残があり、比較的落ち着いた街並みになっています。西の銀座はいつもエネルギッシュでいてエレガントな雰囲気もあり、東京の顔として国際的にも大大人気です。

それでは、銀座一丁目から古い建築を見ていきましょう。まずは弊店の入居する鈴木ビルがあげられます。鈴木ビルは昭和四年（一九二九）の竣工で、詳細は前述しましたが、二〇二三年に隣接する杉浦ビルが解体されると、側面最上階部に、何やら、うっすらと、砲丸投げをしている人のような絵が現れました。いったい何の目的でビルに描いたのか。何かのマークなのか。杉浦ビルが完成する以前に誰かがそうしたと見て間違いありません。大家さんの事務所の方ならわかるかもしれないと思って訊いてみましたが、残念ながらはっきりしないとのこと。ただ戦前には、日本工房の後身の国際報道工藝が鈴木ビルに入っていましたから、その関係で誰かが描いた可能性も考えられなくはなく、もしそうであれば、日本工房関係の資料となるわけですが、真相はどうでしょうか。その可能性は低いかな。

次は奥野ビルです。もともと奥野ビルは、左右二つの建物からなっていて、通りから見て左側の本館が一九三二年に、右側の新館が一九三四年に竣工しました。設計したのは、江戸川橋や青山、代官山などの同潤会アパートを担当した川元良一《かわもとりよういち》であることが知られています。現在はギャラリースペースやアンティークショップがたくさん入っていますが、もともとはここも銀座アパートメントでした。川元良一は、住居に緑を取り込むことを大切にしたそうです。たしかに現在のエントランス付近にも、

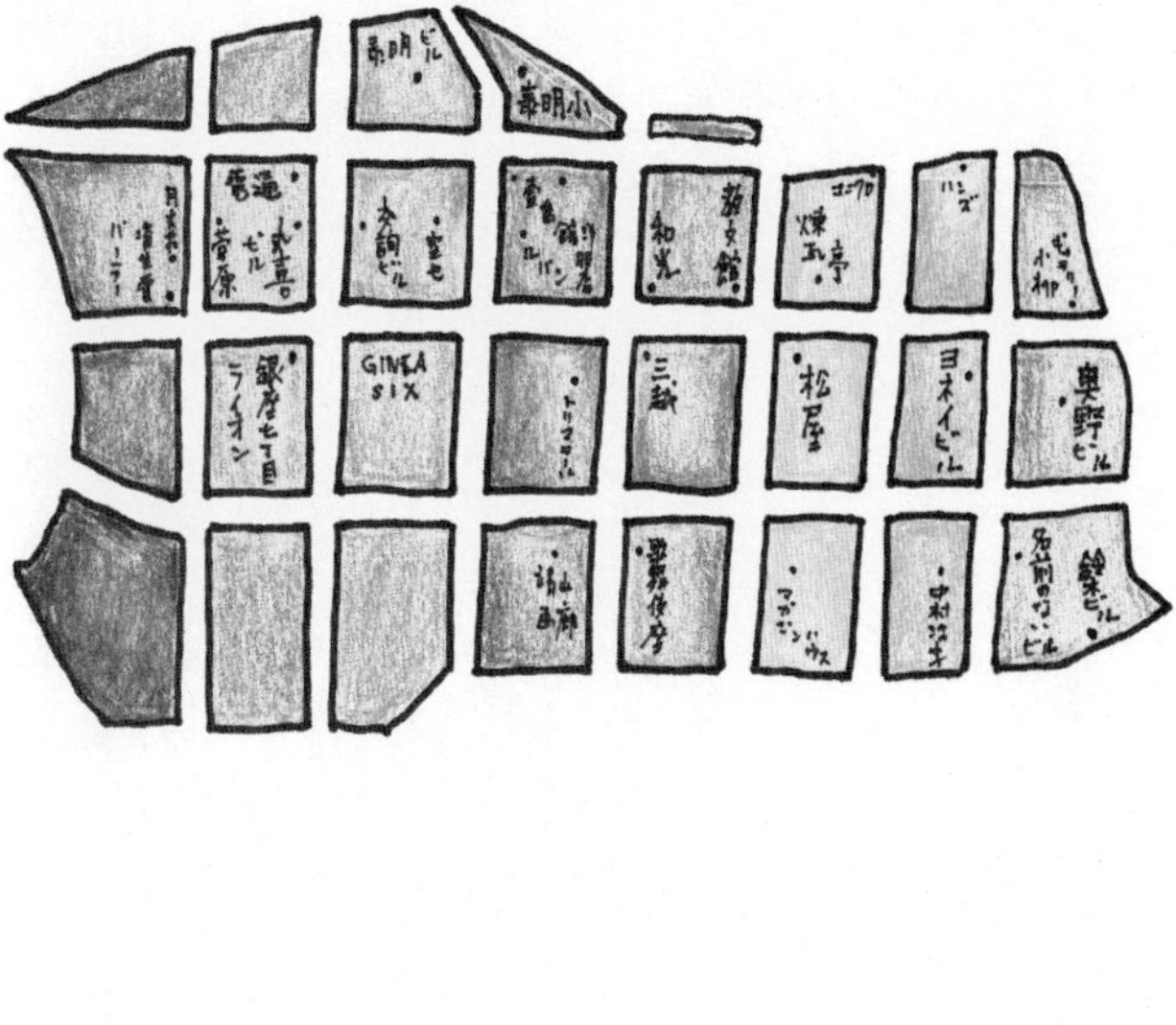
泰明ビル
泰明小
電通
菅原
交詢ビル
和光
教文館
煉瓦亭
GINZA SIX
銀座七丁目
ライオン
三越
松屋
ヨネイビル
奥野ビル
歌舞伎座
マガジンハウス
中村活字
名前のないビル

石榴《ざくろ》の木があり、秋になると実を付けています。地下には男女別の浴場が設けられ、一階には食堂が入居し、屋上には談話室や洗濯スペースがあったと伝えられています。当時の地図を見ると、目の前には三十間堀川があり、まだ埋め立てる前だから、上層階の窓からは川面《かわも》が光って見えたでしょう。その先には東京湾の海も光って見えたでしょう。

銀座一丁目で忘れてならないのは、弊店近所の柳通り沿いに建つ木造三階建ての建物です。はっきりした名前はわかりません。一階にイタリアンレストランの「SOYA」と日本酒バルの「縁《えにし》」、ふぐ料理の「m・i・y・a・w・a・k・i」が入っています。昭和初期あたりに建造されたという言い伝えの残る建築ですが、詳細はまったくもって不明。銀座に残る大正期の建築はそう多くはないのでそれだけで貴重です。当時はこのあたりのシンボル的な建物だったのかもしれません。

次は銀座二丁目に移りましょう。意外と見逃されているのが、並木通りにある三木ビルです。かつては、並木座という名画座が入っていました。現在は一階がデニムブランドの「G - Star RAW Store Tokyo Ginza」になっています。三木ビルは一見するとそんなに古い時代のビルとは思えませんが、実は、一九三七年に竣工しました。隣の路地奥には大衆酒場の三州屋があるので、三州屋に行くときは必ず視界に入ります。

銀座二丁目の柳通りに建つのはヨネイビル。一九三〇年の竣工で鈴木ビルの一個下です。当時の絵ハガキを見ると、外壁には煉瓦を用いていたようで、現在の姿とは趣が異なります。設計したのは森山松之助《もりやままつのすけ》です。森山松之助には都市伝説のような逸話があり、銀座に設計事務所を構えて建築士として成功をおさめていたけれど、ある時から銀座で豪遊しはじめ、ついには破産したというのです。もちろん、この話が本当なのかどうかはまったくわかりませんが、言い伝えとして自分のもとに伝わってきました。そしてそれは悪い意味ではなく、銀座で稼いだお金は銀座に還元するという、ある種の武勇伝として肯定的に受けとめられていたのです。ヨネイビルの一階は現在、銀座メゾン アンリ・シャルパンティエが入っています。以前、柳通りに面したカフェで「クレープ・シュゼット」をいただいたとき、忘れがたい体験をしました。銀座メゾン アンリ・シャルパンティエでは目の前でこのデザートをつくってくれるのですが、グラスの中のグランマルニエ（オレンジリキュール）に火をつけ、それを胸の高さほどから、クレープの入ったフライパンに注ぐと……。あろうことか、グランマルニエは炎をまとったまま、細い流線形となって落ちていきました。その青く細い炎の線が、他でもない、窓の外で揺れる柳の枝のように見えたのです。

続きましては銀座三丁目。銀座三丁目といえば松屋銀座。ついに出ました松屋銀座。というのは大正十四年（一九二五）の竣工なので二〇二五年で百年。本当におめでとうございます。松屋銀座は外壁が新しくなっているので、古さを感じませんが、松屋通りの方の軀体《くたい》は竣工当時のまま。一九二三年の関東大震災は建設中にもかかわらずそれに耐え、空襲をくぐり抜け、今日まで建築として存続しているのは奇跡的です。裏手にあるスターバックスコーヒーの前で、顔を上にあげると、一九二五年当時の外壁を見ることができます。百年前の建築で現存するものは銀座では実に珍しい。ちなみに、このスターバックスコーヒーは一九九六年にできた日本における一号店として有名ですね。

銀座の中心の銀座四丁目を見てみましょう。アントニン・レーモンドによる設計の教文館・聖書館ビルは一九三三年の竣工です。現在の「FURLA」のところには、一九三三年から一九五五年頃まで富士アイスという、アイスクリームや洋食を提供するレストランが入っていました。私はここのアイスクリームを口にしてみたかった。また、現在の「Onitsuka Tiger」のところには戦前期に「ブラジル珈琲」があり藤田《ふじた》嗣《つぐ》治《はる》の大きな壁画が入っていたことが知られています。私はここの珈琲を口にしてみたかった。冷たいアイスクリームの甘さと熱い珈琲の苦さは、もしかしたら刹那かもしれませんが、そこに最良の仕事をほどこすのが銀座らしいと思います。そして何と言っても一九三二年竣工の銀座のシンボル、和光でしょう。設計したのは渡辺仁《わたなべじん》で、他の作品では上野の東京国立博物館や日比谷の旧農林中央金庫有楽町ビル、かつて品川にあった原美術館などがあげられます。どれも建築様式が違う点が特徴でしょう。和光の建つ場所は、もちろん、銀座四丁目交差点ですが、測ってみると、三百六十五日、太陽の南中の光が和光に降り注いでいることが判明しました。そのエネルギーは凄《すさ》まじいものになっているはず。

そこで私はひとつのフィクションを思いつきました。和光はこれまで幾度もゴジラに破壊されてきたので、今度は、和光がゴジラを倒す番だと思うのです。和光に降り注いだ太陽光のエネルギーを、特殊な装置で集約し、時計塔の文字盤から強力なビームにしてゴジラに放つのです。ゴジラといえども、これではひとたまりもありません。こうして和光はゴジラにも勝利するのです。和光の近くに建つ琉映ビルは、外壁があたらしくなっているものの、階段まわりを見ると、昭和初期頃に建ったビルだということが伝わってきます。

銀座五丁目といえばやはり泰明小学校です。関東大震災後の復興小学校の中の一校として一九二九年に完成しました。謎なのは、泰明小学校の泰明という名前ではないでしょうか。誰が付けたのか、すこし調べただけでははっきりしませんでした。ただ、銀座小学校ではなく、泰明小学校としたところに、開校当時の人々のおもいが込められていると感じるのです。当然、泰明小学校には銀座の人々も通学することになりますが、人が街をつくることを考えれば、「泰《やす》らかで明るい」は、銀座の街の特徴を実に言い当てているのではないでしょうか。「泰らか」とは、おだやかでおちついている。「明るい」とは、しなやかで希望に満ちている。このように解すれば、まさに銀座のモットーと言えます。

銀座六丁目では、交詢ビルの外壁が一九二九年の竣工当時の面影を残していますし、泰明小学校近くの路地にある泰明ビルも、かなり古い感じがします。しかし、その他のいわゆる近代建築は姿を変えているようです。同じく、銀座八丁目でもかつてあった近代建築は建て替えられているようです。

銀座七丁目では、外堀通り沿いに、一九三三年竣工の電通銀座ビルの偉容を眺めることができます。電通は、中興の祖であり社長だった吉田秀雄が定めた「鬼十則」が知られています。調べてみると一九五一年に制定されたようなので、きっと、このビルのなかで導かれた考え方なのだと思います。例えば、「仕事は自ら創るべきで、与えられるべきでない」「仕事とは、先手々々と働き掛けていくことで、受け身でやるものではない」などがあり、朝から晩までずっと働くことをよしとする内容です。もちろん、いまの時代にはそぐわないのは確かなことです。ただ、私の完全な予想ですが、吉田秀雄さんにとって仕事とは、趣味に近いものだったのではないでしょうか。好きだったから朝から晩まで働いた。おそらく晩ではなく深夜までだったことを思うと、夜の銀座に繰り出すのも仕事の内に入っていたのかもしれません。

銀座七丁目の交詢通りにある丸嘉ビルは、銀座二丁目のヨネイビルと同じく森山松之助が建築を担当しました。丸嘉ビルの竣工は一九二九年。当時の森山松之助は、銀座に二棟の新しいビルを同時進行でつくっていたのです。きっと銀座の通りを東奔西走していたことでしょう。何よりすごいのは両方とも現在まで残っているということです。本当かどうか定かではありませんが、逸話通り、彼が銀座で豪遊して破産したなら、この二棟の設計料を銀座に還元したと見ることもできます。だとしたら、なんかいい人です。

銀座ライオン七丁目ビルは、一九三四年に竣工しました。昭和の銀座の地図を見ると、四丁目交差点をはじめ、ビアホールが点在していて、銀座はビールの街だったと言っても過言ではないくらいです。地下鉄銀座線の全線が開通したのは一九三四年なので、仕事の後に一杯、という文化が定着しやすい環境だったと考えられます。きっと銀座で働く多くの人が、ここで一度はジョッキを傾けたことがあるのではないでしょうか。むかしもいまも。

こうして考えてみると、管見では、現存する銀座で最も古いビルは、一九二五年竣工の松屋銀座の松屋通り側となります。二〇二五年でちょうど百年。最後に唐突ですが、一九二五年といえば、ライカ初の量産型カメラであるバルナック・ライカA・エルマックスが発売になった年でもあります。一九二五年のライカで一九二五年竣工の松屋銀座を撮ったらどうなるというのでしょうか。百年の時をへてレンズと建築がはじめて出会うのは確かなこと。そこから何かが始まるような予感がしております。

出会いから始まるといえば旅。そして「あてのない旅」を、まだ見ぬ何かを求めて旅に出ることと解すれば、二〇二二年の秋のパリへの渡航ほど、「あてのない旅」はありませんでした。とは言っても、目的もなくパリに向かったわけもありません。行き先は、リール通りにある書店の「7L」と決まっていました。

ではなぜ、「あてのない旅」だったのか。ことの始まりはこうでした。「時間」や「女性」をテーマに国内外の名誉ある賞を受賞しているある写真家と話をしたとき、私は、「ガブリエル・シャネルの遺品やつくった服を撮ってほしい」と思いました。ガブリエル・シャネルは、一九一〇～二〇年代に、それまで女性が着ていた洋服の概念を覆すように、コルセットのないスタイルを提唱し、素材にはより動きやすいジャージやニットを用いました。また、その後に発表したリトル・ブラック・ドレスでは黒という色が持っていたイメージを超えて、最もエレガントな色として女性の洋服に反映しました。口紅を現在のあたりまえであるスティックタイプにしたのもシャネルだったと聞きます。

このように、ある意味、女性が用いるもののスタイルを刷新したのがガブリエル・シャネルの仕事だったと考えていた私は、転換期になった、つまりは、彼女が世界に挑戦していったようなアイテムを、その写真家の視点によって撮影し、多くの人々に展示することに必然性と意義を感じていたのです。

このことが頭のどこかにあった私は、二〇二二年秋、当時、開催中のシャネル展を担当していたフランスの方々が弊店に立ち寄ってくださったとき、ふと、これはチャンスかもしれないと思ったのでした。そして、かれこれこういう写真家がいるのだけれど、ガブリエル・シャネルの作品を撮影するプレゼンをしにパリに行ってもいいですか、と、軽い気持ちで口にしたのです。すると、返答は「いつでもどうぞ」。おそらく社交辞令だったにちがいありません。しかし、そうだとしても、私はこうも思いました。「本当に行こう。しかも、できるだけ早く」と。

こうして私は、パリ行きのチケットとホテルをすぐに予約して、空の旅路につきました。もちろん、東京で開催された展覧会とシャネルのお店には足を運び、オンライン上にあがっているガブリエル・シャネルの情報を閲覧しました。パリ到着までは十三時間ほどもあるので『シャネル哲学』などの書籍を持ち込み、少しでも、彼女の生き方に触れようと試みました。

事前のメールでのやり取りで来るよう指定されたのが「7L」でした。「東京での立ち話のご縁から、本当に来ました。ガブリエル・シャネルの遺《のこ》したものの写真展を、銀座のCHANEL NEXUS HALLで開催したい」と言うと、奥の非公開の部屋に通されました。するとそこに広がっていたのは、天井高十メートルはあるような空間。しかも四方の書棚には写真集や美術書がぎっしり。驚くべきことに、ここはカール・ラガーフェルドのライブラリーだというのです。カール・ラガーフェルドは、ガブリエル・シャネル亡き後、シャネルのデザイナーを務めた人物。もしかしたら、デザインのベースの一端には、これらの蔵書があったのかもしれない、と思いながら書棚を眺めていると日本関係の本も散見されました。一瞬、ソール・ライターの蔵書を探しに行ったときと同じ種類の高揚感が去来しました。

その中にあって、準備してきた資料を開いた私は、企画を説明しました。すると、担当の方が、ある写真集を持ってきてくれました。開いてみると、なんとガブリエル・シャネルの部屋と遺品を撮影した写真集。「えっ」、となる私。もちろん、紙質は良く、装丁も美しい。担当の方は「このような写真集が出版されました」と言いました。しかし、その写真集を開いてみると自分がイメージしている写真とはテイストが全く違います。きっとその写真家が撮るなら、ガブリエル・シャネルが、ある意味、世界に挑戦したときの意志が伝わるような写真が撮れるはず。「推薦したい写真家は、人肌のような質感で撮ることが特徴です」とは言ってみたものの、そう伝えるのが精一杯でもありました。

「7L」を後にして、近くのカフェに入った私は、カフェオレを注文し、「まずは受け入れてくれたのだから」と自分に言い聞かせました。飛行機のなかで読んだ『シャネル哲学』には、彼女が七十歳を過ぎてコレクションを発表したおり、酷評を受けて発した言葉として「退屈より大失敗を選びなさい」とありました。まだ見ない何かを求めて旅に出るのを「あてのない旅」だとするなら、まだスタートラインについたばかりということでしょう。ガブリエル・シャネルを追ってまたパリに来る日がきっと来る。そのことを期待しながらあたたかいカフェオレをいただきました。

解説　探偵が生まれた日

田辺夕子

銀座はもともと下町であり、街並みはともかくとして、銀座で働く人にはどこか下町気質を感じます。ですから、わたしも近隣の人に対して「ご近所さん」という感覚を持っています。もちろん、森岡さんに対しても。もっとも、距離にしてみると森岡さんのお店は一丁目で、うちの編集部は四丁目なので、向こう三軒両隣よりは、もう少し先のご近所さんにあたりますが。

森岡さんが、一丁目の鈴木ビルに森岡書店を開いたのは二〇一五年とこの本にあり、少しばかり驚きました。わたしが十年の編集部生活を経て、「銀座百点」の編集長に就任したのも二〇一五年なのです。このコロナ禍という波乱に満ちた歳月をふくむ十年の銀座で、一つのメディアを担い奮闘してきた人には、やはり同志めいた思いを抱きます。

もちろん、銀座にくる前から、森岡さんのことは知っていました。実はわたしは古いビルに興味があり、特に小林信彦のいう東京のイーストサイドにあった古い建物や復興橋梁《きょうりょう》めぐりを、昔はよくしていたのです。ですので、かつて森岡書店があった茅場町《かやばちょう》のビルも知っていました。水辺にたたずむ客船のような優雅な建物に惹《ひ》かれて、何度か訪れた記憶がありますが、それは森岡さんがお店を出す、ずっと前の話。あのビルの中に古書店ができて、気になる作家の展覧会を催していることを知り、いつか行きたいと思っていました。

その書店が、「一冊の本を売る書店」として銀座へ引っ越した。しかも、その店は鈴木ビルにかつて存在していた茶色い喫茶店、〝らんぷ〟があった場所。「うむ、できる！」と、内心うなったような覚えがあります。

先年のコロナ禍という沈滞期を越え、今の銀座は大きな変革の中にあります。街区を越えたり、大規模であったり、驚くような再開発をふくむ変化ですが、必定と受け容《い》れているのが現状です。

そのような中で、最終話にも書かれた和光、教文館・聖書館、銀座ライオン七丁目ビルをはじめ、ヨネイビルや奥野ビル、鈴木ビルという築九十年以上の建物が健在で、しかも現役であることは、街に生きる人間にとっての財産です。銀座ではありませんが、かつての食糧ビルや三信ビルというすばらしい近代建築の建物が喪《うしな》われたことを思うと、今この時代の銀座の街なかにこれほど古いビルが残っていることは、おおげさではなく奇跡的なことだと思います。

話は前後しましたが、このような背景があるので、茅場町のビルに続き、銀座の建築遺産の一つの鈴木ビルに森岡書店が移転してきたことは偶然ではないだろうな、と、まだ会ったことがない森岡書店の森岡さんという人に興味をいだくようになりました。

ちなみに近年、森岡さんは奥野ビル、しかもより建築年度が古い本館にもすてきなアトリエを開設しました。こうなれば、中国大使館の方の予言が実現し、銀座じゅうのクラシックビルに、森岡さんがプロデュースした空間が誕生する未来がくるかもしれません。

さて、その森岡さんに初めて会った日のことは、残念ながら記憶が抜け落ちていますが、縁が深まったのは二〇一七年でした。まず、小誌の四月号に掲載される「今月のエッセイ」のコーナーに寄稿を依頼して、〝銀座の時間〟という、和光のチャイムを題材にとった、すてきな原稿をいただきました。

それからほどなくして、共通の知人である、当時日傘作家として活動していたひがしちかさんの展覧会が森岡書店で開催されたのです。さっそく遊びに行ったところ、本を買った人にひがしさんと森岡さんが、それぞれ似顔絵を描いてくれるというサーヴィスがありました。ひがしさんが描いてくれた絵は、青と黄と、左右の瞳の色が違うポートレイト。森岡さんが描いてくれたのは、この本の三十九ページの絵と同じ、太く丸みのあるタッチで、さらりと描いてくれました。

さて、そんな〝ご近所の森岡さん〟と、本格的に関わることになったきっかけは、翌年に出合った伊藤昊《いとうこう》の写真でした。

当時「銀座百点」の編集部は、五丁目の銀座コアの八階にありました。タウン誌という媒体特性も影響してか、読者が不意に訪れることも多い職場に、年末も近い寒い日の夕方、小柄な女性がやってきました。

女性は伊藤公子さんという方で、亡くなった旦那さまの写真プリントが納められた箱が押し入れの奥から見つかったと話を切り出しました。銀座を写したものだったので、思い出の地で写真展ができたらとギャラリーをめぐるなかで、「銀座百点」の編集部に情報があるのではないか、と聞いたとのこと。いくつかのギャラリーについて話し、「もしよかったら、今度写真を見せてください」と言ったのは、単純な興味からでした。

十年以上も編集者として、たくさんの銀座の写真を見てきました。特に二〇一三年から二年間は、自分で企画した荒木経惟《あらきのぶよし》さんの連載「アラーキー銀写」を担当していました。電通時代から近年まで、荒木さんが銀座を撮影した写真を毎回一枚ピックアップして掲載し、荒木さん自身がレビュー、わたしが原稿構成を担当する内容です。東京の下町、三ノ輪《みのわ》生まれの荒木さんと、元来下町である銀座は相性もよく、なによりも時代の空気感までを写すのが写真家なのだと教わったかのような貴重な時間でした。

さて、公子さんが旦那さま、伊藤昊さんの写真を持ってくる約束の日がきました。プリントを納めた箱を開けると、そこには、今まで見たことがない、独自の視点で切り取られた銀座の写真がありました。公子さんは、展覧会ではなく写真集にしたいと考えが変わったが、特にあてがないと話してくれました。「もしよかったら、この写真をわたしに預からせてくれませんか？」という言葉が口をついて出ます。これは、間違いなく世に出るべき写真だ、という直感が言わせたとしか思えません。いくつかの出版社に心あたりはありましたが、この写真は、銀座をほんとうによく知っている人に見てほしい——次の瞬間、迷いなく森岡さんに電話をかけていました。

待ち合わせのバーは、編集長に就任したばかりのころ、村松友視《むらまつともみ》さんが連れて行ってくれた店です。カウンターで、森岡さんと店主のKさんと三人で、写真のコピーを一枚一枚めくるたびに、静かな興奮が場に広がるのを体感しました。森岡さんがソール・ライターの話をしたこと。そして、森岡書店として本にしたいとおっしゃったときに、ああこれでだいじょうぶ、公子さんから預かったバトンを、いちばん大事にしてくれる人に渡せたという気持ちになりました。それからの話は、この本に書かれているとおりです。

二〇二〇年に写真集が完成して、すぐに森岡さんから贈っていただきました。驚いたことに、掲載された写真の場所を、可能な限り森岡さんは特定し、しかも、その場所の現在地まで自身が足を運び、できるかぎり当時の昊さんの視座を確認したと聞きました。

雑誌づくりの経験上、古い建物が消え新しいビルが建つ、上書き更新を繰り返してきた銀座では、昔の風景の現在地を特定することが非常に困難だと知っています。毎日この街に通っている人間でも、「あのビルは、以前なにがあったっけ？」という日常会話をかわすくらいですから。まして、昊さんの写真は、あえて特定されることを避けるような構図で撮られた地下通路やビル背面、路地の水たまりなどもあり、わずかな痕跡から場所を割り出すことは、もはや探偵の所業といえます。

伊藤昊の写真と出合ったことで、いわば腕ききの銀座探偵として進化した森岡さんは、実は今、小誌でそのスキルをいかんなく発揮しています。二〇二四年の一月から、小誌で「森岡写真探偵団」という連載を始めたのです。

撮影者の有名無名を問わず、過去に銀座で撮影された写真から、森岡探偵の琴線にふれる一枚を毎月紹介し、その写真の背景や撮影者のねらいを考察する内容で、赤瀬川原平さんが撮影した八〇年代の銀座から始まり、戦前の街頭写真家によるスナップ、戦後アメリカ統治下時代の記録写真など、さまざまな写真を検証してきました。

実は、そのうちの一枚はわたしの祖母のものでした。百四歳で世を去った祖母が若かりしころ銀座で撮った写真があるらしい、と母から聞いてはいたのですが、亡くなったあと、ひょっこり出てきたのです。しかし、わたしの見たところ写された街並みに銀座であるという根拠を見つけられず、森岡探偵に依頼をしたところ、たちどころに検証してくれました。

森岡さんとわたしは二つ違い。かつて銀座で過ごしていたことがある森岡さんのおばあさまと、わが祖母もそう年齢は離れていないと思います。若かりしころのたがいの祖母も、この街ですれ違っていたかもしれないな、と想像をめぐらせています。

（たなべ・ゆうこ／「銀座百点」編集長）

本書のプロフィール

本書は、小学館「本の窓」二〇二二年五月号〜二〇二三年九・十月合併号、「小説丸」(二〇二三年十月一日配信)連載分に加筆・修正したものです。

小学館文庫

銀座《ぎんざ》で一番《いちばん》小《ちい》さな書店《しょてん》

著者　森岡督行《もりおかよしゆき》

二〇二四年九月十一日　　初版第一刷発行

発行人　庄野　樹
発行所　株式会社　小学館
〒一〇一-八〇〇一
東京都千代田区一ツ橋二-三-一
電話　編集〇三-三二三〇-五一三八
　　　販売〇三-五二八一-三五五五
印刷所-TOPPANクロレ株式会社

この文庫の詳しい内容はインターネットで24時間ご覧になれます。
小学館公式ホームページ　https://www.shogakukan.co.jp

ISBN978-4-09-407386-7